MELANIE PIGNITTER

Es ist ein Geschenk, dass es dich gibt

Spüre wieder, wie wertvoll du bist

INHALT

Einleitung: Das vergessene Geschenk

IRGENDWO AUF DER REISE DEINES LEBENS GING ETWAS VERLOREN

Als ich mit 16 Jahren von allen Jungs übersehen wurde, glaubte ich, ich sei nicht schön genug.

Als mein Englischlehrer mir die Schularbeit hinknallte und sagte: »So wirst du es nie zu etwas bringen«, glaubte ich, ich sei nicht klug genug.

Als ich mit 22 unzählige Jobabsagen bekam, glaubte ich, ich sei nicht gut genug.

Als ich für mein erstes Buch Absagen von mehr als 30 Verlagen bekam, glaubte ich, ich sei nicht talentiert genug.

Als ich mit 30 immer noch Single war, glaubte ich, ich sei nicht liebenswert genug.

Und weil ich all diese und noch viele weitere Dinge mein halbes Leben lang glaubte, fühlte ich mich alles andere – nur nicht wertvoll. Hätte mir damals jemand gesagt, ich sei ein Geschenk für diese Welt, hätte ich mein Gesicht zu einer ablehnenden Grimasse verzogen und dem Wohltäter kein Wort geglaubt. Denn ich hatte vergessen, wie so viele Menschen, wie unendlich wertvoll ich bin.

Vermutlich liest du genau deshalb gerade diese Zeilen, weil auch du nicht immer davon überzeugt bist, dass du ein Geschenk für diese Welt, eine Bereicherung für deine Mitmenschen und ein wertvoller Schatz bist. Erst mal musst du wissen, dass du damit nicht allein bist. Bei einer Umfrage innerhalb meiner Leserschaft gaben von rund 2500 Menschen mehr als 90 Prozent an, sich häufig nicht als wertvoll und gut genug zu empfinden. Du siehst also, es ist keine Seltenheit, dass man das sogenannte Selbstwertgefühl auf der Reise des Lebens irgendwo verliert.

TIEFE PRÄGUNGEN ÜBERSCHATTEN DEINEN SELBSTWERT

Das ist auch kein Wunder, denn diese Reise ist nicht immer ein Spaziergang. Genau wie ich musstest wahrscheinlich auch du in deiner Vergangenheit schmerzhafte Erfahrungen machen, die dir vermittelten, nicht gut, nicht liebenswert, nicht schön oder klug genug zu sein. Gerade in der Kindheit sind wir sehr empfänglich für derartige Botschaften. Alles, was uns gesagt oder mit uns gemacht wird, halten wir für richtig. Wir hinterfragen und zweifeln nicht, sondern speichern die Aussagen anderer tief in uns ab. Vielleicht: »Stell dich nicht so dumm an!«, »Nimm dich bloß nicht so wichtig!« Oder: »Aus dir wird nie etwas!«

Ohne Überprüfung des Wahrheitsgehalts sind diese Sätze in unser Unterbewusstsein gewandert, was dazu führt, dass wir sie anschließend oft ein Leben lang für wahr halten. Das Fatale dabei ist, dass diese Überzeugungen, die man auch Glaubenssätze nennt, unser Leben dirigieren. Das bedeutet, wir tun unbewusst so ziemlich alles dafür, dass sich diese negativen Überzeugungen realisieren. Aber dazu später mehr.

Vorab eine gute Nachricht. Wir alle – ja, auch du – können die in unserem Unterbewusstsein abgespeicherten Unwahrheiten durch die Wahrheit ersetzen, nämlich durch den Satz: Du bist ein Geschenk für diese Welt. Noch einmal:

Du bist ein Geschenk für diese Welt.

Genau deshalb liest du das hier. Mit diesem Buch möchte ich dich wieder spüren lassen, dass du unbezahlbar, wichtig, eine Bereicherung für deine Mitmenschen, einzigartig und verdammt liebenswert bist.

Woher ich das weiß, fragst du dich? Weil ich in jedem Menschen, mit dem ich bisher gearbeitet habe, dieses wunderschöne Licht entdeckt habe. Und das waren viele. Glaub mir: Du bist keine Ausnahme – auch in dir ist dieses wunderschöne Strahlen, mit dem du dich selbst und deine Umwelt jeden Tag bereichern kannst. Ich kann es jetzt in diesem Moment, wo sich vielleicht ein sanftes inneres oder äußeres Lächeln auf deinen Lippen bildet, bereits spüren.

Außerdem glaube ich nicht an Zufälle. Keiner von uns ist zufällig hier auf dieser Welt. Hast du dir schon mal überlegt, wie viele Zufälle zustande gekommen sein müssten, damit du geboren werden konntest? Klingt verrückt, aber denk einmal kurz darüber nach. Der Zufall, dass du als Eizelle im richtigen Moment am richtigen Ort warst. Der Zufall, dass sich die Zellen genauso zusammengewürfelt haben, dass du als Produkt dieses Wunders entstanden bist. Der Zufall, dass sich deine Eltern kennengelernt haben. Der Zufall, dass es deine Eltern gibt, die wiederum durch den Zufall, dass sich deine jeweiligen Großeltern gefunden haben, zustande kamen. Und so weiter. Nein, es ist kein Zufall, dass du da bist! Und obwohl ich weder esoterisch noch streng gläubig bin, bin ich davon überzeugt, dass diese Welt dich gewollt hat.

SELBSTWERT? BEI MEINEM FRÜHEREN ICH FEHLANZEIGE

Es ist okay, wenn ich dich bis hierhin noch nicht ganz davon überzeugen konnte, dass du mehr wert bist als jeder Diamant dieser Welt. Wir haben ja noch einige Seiten Zeit dafür. Damit du etwas Vertrauen fasst, möchte ich dir ein paar Worte über mich und meinen für längere Zeit vergessenen Selbstwert erzählen. Die meisten Menschen, die mich durch meine Bücher oder über meine Social-Media-Kanäle und Kurse kennen, glauben, ich sei mit einem unverwundbaren Selbstwertgefühl zur Welt gekommen. Dem ist aber nicht so. Auch wenn ich mir das als Kind und vor allem in meiner Jugend oft gewünscht hätte.

Heute bin ich froh, dass es mir mein halbes Leben lang an diesem glücksfördernden Gefühl namens Selbstwert gefehlt hat. Denn es wäre mir sonst nicht möglich, Tausenden Menschen, denen das Gefühl für ihren Wert ebenso abhandengekommen ist, dabei zu helfen, es wiederzuentdecken. Ich hätte sonst sicher keine Ahnung davon, wie es sich anfühlt, unerwünscht, eine Belastung, nicht gut genug, unwichtig, schuldig, ausgegrenzt, ausgeliefert oder einfach fehl am Platz zu sein.

Genau von diesen unangenehmen Gefühlen und Glaubenssätzen, die in diesem Buch noch eine wichtige Rolle spielen werden, kann ich ein Lied singen. Denn ich war das schüchterne Mädchen, das lieber in der letzten Reihe stand, damit niemand seine Fehler und Makel sehen konnte. Ich war der mollige Teenager, der sich zwar nach einem Partner sehnte, aber innerlich davon überzeugt war, dass niemand wirklich Gefallen an ihm fand. Und ich war die junge Frau, die es geschafft hatte, abzunehmen, hübsch zu sein, Karriere zu machen und viele Freunde zu haben, die aber dennoch im Grunde ihres Herzens stets glaubte, nicht genug zu sein. Du siehst schon, Selbstwertgefühl wurde mir also nicht in die Wiege gelegt.

Und dennoch strahle ich heute nach innen und nach außen. Ich habe gelernt, das Geschenk, das ich selbst bin, als solches zu erkennen und diese Erkenntnis tagtäglich zu leben. Ich habe gelernt, mich wertvoll zu fühlen, mich so zu behandeln und zu zeigen. Ich habe bis in die Tiefe meines Herzens begriffen, dass ich ein Geschenk für diese Welt bin. Genau wie du!

Und wenn ich das kann, kannst du das auch. Also streck ich dir jetzt meine Hand entgegen und frage dich: Willst du bezaubernder, liebenswerter und wundervoller Herzensmensch mit mir den Weg zu deinem inneren und äußeren Strahlen gehen? Willst du dich endlich als das, was du bist, als ein Geschenk für diese Welt, wahrnehmen und danach leben?

Ja? Dann lass uns loslegen!

Diese Welt will dich, sonst wärst du nicht hier.

MOTIVATIONSSNACK: NIMM DIE KAROTTE MIT!

Man sollte sich nicht mit leerem Magen in ein neues Abenteuer stürzen. Deshalb gibt es hier noch einen kleinen Motivationssnack für dich:

Ein psychologisches Prinzip besagt, dass sich der Mensch nur dann bewegt, wenn er Angenehmes vermehren und Leidvolles vermeiden möchte. Nach diesem Muster tickt jede und jeder Einzelne von uns. Kurzum bedeutet das, dass wir einen Antrieb brauchen, um Dinge oder uns selbst zu verändern. Also eine Karotte vor der Nase. Oder ein Zuckerl, wie man bei uns in Wien sagt.

In diesem Buch wollen wir uns auf beide Seiten fokussieren: Wir wollen Schmerzvolles und Unangenehmes loslassen und Angenehmes vermehren. Dieses Ziel erreichen wir, indem wir deinem Selbstwertgefühl Flügel wachsen lassen. Damit das gelingt, braucht es deinen Antrieb. Deinen Willen und deine Motivation.

Daher kommt jetzt die Karotte für dich. Ich will dir verraten, wie sich dein Leben positiv verwandeln kann, wenn du wieder verinnerlicht hast, dass du in jeder Sekunde deines Lebens wertvoll und wichtig bist.

Wenn du dich selbst wertvoll fühlst,

- hörst du auf, es allen anderen recht zu machen und dich selbst hinten anzustellen.
- hörst du auf, dich selbst schlecht zu behandeln.
- erwirkst du damit, dass auch andere dich respekt- und liebevoll behandeln.
- wirst du selbstbewusster.
- verbessern sich dein Auftreten und deine Ausstrahlung.
- hörst du auf, dich unter Wert zu verkaufen.
- machst du dein Glück nicht mehr abhängig vom Feedback und den Launen anderer.
- steigerst du deine Lebensqualität und deine Zufriedenheit.
- verbesserst du nachweislich deine Gesundheit.
- fällt es dir leichter, dich selbst zu lieben.
- kannst du mit schwierigen Situationen und Krisen besser umgehen.
- hörst du auf, dich selbst zu sabotieren.
- ziehst du immer mehr Menschen in dein Leben, die dich schätzen und achten.
- vertraust du deiner inneren Stimme.

Selbstwertgefühl: dein mentales Immunsystem.

- vermindern sich deine Ängste und Selbstzweifel.
- begreifst du, dass du nichts leisten musst, um liebenswert zu sein.
- erlangst du emotionale Freiheit.
- traust du dir selbst mehr zu und beginnst endlich das Leben zu führen, das du verdienst.

Du siehst schon, deine Reise, bei der dir dieses Buch als kleiner Wegbegleiter beisteht, bringt einen ganzen Haufen an Karotten und Zuckerl mit sich. Es lohnt sich also, aktiv daran teilzunehmen. Und genau dazu möchte ich dich an dieser Stelle herzlich einladen. Wie in all meinen Büchern wünsche ich mir, dass auch dieses Buch nicht bloß eine nette Berieselung oder ein Dekoelement in deinem Regal ist, sondern ein Erlebnis, das dich erkennen lässt, wie wertvoll du bist, und so dein Leben ein Stück weit glücklicher und erfüllter macht.

Wichtig dabei ist, zu verstehen, dass dies nur möglich ist, wenn du mitmachst. Denn von der Zuschauertribüne aus ist es unmöglich, Einfluss auf das Drehbuch zu nehmen. Deshalb findest du in diesem Buch auch immer wieder Praxistools, die ich als Selbstwert-Abenteuer bezeichne. Sie helfen dir dabei, das Gelesene in dein Leben zu integrieren.

Keine Sorge, du musst dich dabei nicht überanstrengen. Die Selbstwert-Abenteuer bereiten den meisten Menschen sehr viel Freude. Außerdem ist es okay, wenn du nicht bei jedem Abenteuer dabei sein möchtest. Wähle vorerst die Methoden aus, die dich intuitiv am meisten ansprechen. Deine innere Stimme weiß nämlich genau, wo der Bedarf an Heilung oder Liebe am größten ist.

Bevor wir nun endgültig beginnen, stellt sich dir vielleicht noch eine Frage: Was ist denn dieses Selbstwertgefühl, das mir so viele Zuckerl und Karotten bringen soll, eigentlich genau? Ich habe dazu einige Definitionen in Büchern und im Internet gefunden, mich aber schließlich dafür entschieden, dir meine eigenen zu präsentieren.

- Selbstwertgefühl ist, wenn du dich trotz Ecken und Kanten wertvoller fühlst als hundert Diamanten.
- Selbstwertgefühl heißt, dass du erkennst, wie wichtig, wertvoll und unendlich liebenswert du bist.
- Selbstwertgefühl ist dein mentales Immunsystem.

Glaubenssätze: Die Beweislage ist erleuchtend

NEGATIVE ÜBERZEUGUNGEN UND WIE SIE ENTSTEHEN

Wir beginnen gleich mit einer der spannendsten Erkenntnisse, die ich im Laufe meines mentalen Werdegangs entdeckt habe. Es geht dabei um die sogenannten negativen Glaubenssätze. Das sind, wie schon erwähnt, in unserem Unterbewusstsein abgespeicherte Überzeugungen, die wir unausweichlich für wahr halten. Zum Beispiel:

- »Ich bin nicht wertvoll/gut/schön/klug/mutig/gebildet genug.«
- »Ich bin nicht liebenswert.«
- »Ich bin nicht willkommen.«
- »Niemand mag oder interessiert sich wirklich für mich.«
- »Ich bin nicht wichtig.«
- »Ich bin bedeutungslos.«
- »Ich mache immer alles falsch.«
- »Ich bekomme nichts richtig hin.«
- »Ich bin eine Last.«

Davon gibt es natürlich noch viele mehr. Bevor ich meine Erkenntnisse über diese unangenehmen Gefährten mit dir teile, schauen wir uns ihre Entstehungsgeschichte an.

SO ENTSTEHEN SCHADHAFTE GLAUBENSSÄTZE

Der Großteil unserer negativen, aber auch positiven Glaubenssätze stammt aus unserer Kindheit. Einzelne Überzeugungen können aber auch später noch durch besonders schmerzhafte Erfahrungen oder unangenehme Erlebnisse, die sich wiederholten, hinzukommen. Im Grunde gibt es drei Optionen, wie eine negative Überzeugung entsteht.

- **Sätze, die uns immer wieder vorgesagt werden:** Man sagt uns als Kind immer wieder einen Satz vor, den wir anschließend für die Wahrheit halten. Klassische Beispiele: »Bescheidenheit ist eine Tugend.«, »Man drängt sich nicht in den Vordergrund!«, »Aus dir wird nie etwas.«, »Nimm dich nicht so wichtig.«, »Eigenlob stinkt.«, »Die Schönste bist du ja nicht gerade.«, »Du bist eine Enttäuschung.«, »Du hast es nicht anders verdient.«
- **Überlebensstrategien:** Hierbei handelt sich um Glaubenssätze, die uns zu gewissen Handlungen antreiben. Zum Beispiel immer lieb zu sein, keine Widerworte zu geben, perfekt zu sein, immer Ja zu sagen, sich anzustrengen, keine Gefühle zu zeigen, es allen recht zu machen, stark zu sein und so weiter. Da fast jeder von uns von einem oder mehreren dieser schadhaften Glaubensmuster betroffen ist, gehe ich im weiteren Verlauf dieses Buches immer wieder auf sie ein.
- **Interpretationen:** Als Kind bedeuten unsere Eltern für uns die Welt. Kein Wunder, wir sind auf ihre Liebe und ihr

Wohlwollen angewiesen, um zu überleben. Alles, was wir durch sie erfahren, halten wir für richtig und wahr. Tatsache ist aber, dass wir bereits als Kind die Fähigkeit haben, zu interpretieren. Und genau das tun wir auch: Wir deuten das Verhalten unserer Eltern und anderer Autoritätspersonen. In vielen Fällen haben diese Interpretationen aber nichts mit der Absicht der handelnden Personen und vor allem nichts mit der Wahrheit zu tun. Sie werden dennoch zu einem Glaubenssatz, der unser Leben bestimmt.

Ein Beispiel für diese dritte Möglichkeit, wie Glaubenssätze entstehen: Der Vater von Fritz arbeitet fast Tag und Nacht, um seiner Familie ein schönes Leben zu ermöglichen – anders als in seiner Kindheit, die von Armut geprägt war. Leider bekommt Fritz seinen Vater dadurch sehr selten zu Gesicht. Er beginnt zu glauben: »Ich bin nicht wichtig und wertvoll für Papa.« Diese Interpretation wird in ihm als Wahrheit abgespeichert und später auf die Welt umgelegt: »Ich bin nicht wichtig und wertvoll für andere.«

Oder Sandra: Ihre Mutter ist immer sehr gestresst. Sie läuft im Affentempo zickzack durch die Wohnung. Mal bügelt sie, dann gießt sie die Blumen, ein andermal tippt sie wie wild geworden auf die Laptoptasten. Wenn Sandra auf ihre Mutter zugeht, wird sie häufig in ihr Zimmer geschickt mit der Bitte, sie möge allein etwas spielen und sich ruhig verhalten. Sandra beginnt durch das Verhalten der Mutter zu glauben: »Ich bin eine Belastung, ich bin nur im Weg.« Genau diese Überzeugung überträgt sie später im Erwachsenenleben auf ihre Mitmenschen.

Oder Paula: Weil ihre Eltern arbeiten, verbringt sie die Nachmittage immer bei ihrer strengen Großmutter, deren Erziehungsstil noch aus den Fünfzigerjahren stammt. Wenn Paula einen Fehler macht oder kleckert, wird ihr Verhalten oft mit einer Ohrfeige bestraft. Paula beginnt zu glauben: »Ich habe es nicht anders verdient.« Diesen Glaubenssatz trägt sie auch noch als Erwachsene in sich und nimmt es daher einfach hin, wenn sie von ihren Kollegen von oben herab behandelt oder von ihrem Partner beschimpft wird. Denn sie denkt ja, dass sie genau dieses Verhalten verdient hat.

Obwohl dir beim Lesen dieser Beispiele völlig bewusst war, dass der Vater von Fritz es eigentlich gut meinte und nicht Paula, sondern die Großmutter alles falsch macht, können derartige Erfahrungen zu hartnäckigen negativen Überzeugungen führen. Wenn wir sie nicht erkennen und auflösen, laufen wir Gefahr, dass sie uns die Freude am Leben und vor allem die Freude, wir selbst zu sein, verderben. Somit wären wir auch schon bei den Auswirkungen von negativen Glaubenssätzen.

WIE SICH NEGATIVE GLAUBENSSÄTZE AUF DEIN LEBEN AUSWIRKEN

Wenn du dich schon einmal mit Glaubenssätzen beschäftigt hast, ist dir vermutlich bewusst, dass diese unser Denken, unsere Worte, unsere Handlungen, ja sogar unsere Ausstrahlung beeinflussen. Das wiederum führt dazu, dass unser Umfeld, meist auf einer unbewussten Ebene, ebenso registriert, dass eine bestimmte Überzeugung in uns schlummert.

Wenn ich davon überzeugt bin, dass ich nicht klug genug bin, werde ich es niemals wagen, mich an der Uni einzuschreiben oder für meinen Traumjob zu bewerben. Und wenn ich mich doch überwinde, dann werde ich mich im Vorstellungsgespräch zwar bemühen, aber mein Gegenüber wird an meiner Stimme, meiner Wortwahl, meiner Gestik und Haltung auf einer unbewussten Ebene erkennen, dass ich mich nicht gut genug fühle.

Ähnlich verhält sich das bei fast jedem negativen Glaubenssatz. Womöglich wusstest du das schon. Aber wusstest du auch, dass Glaubenssätze deine Wahrnehmung beeinflussen? Dass du durch sie die Welt und deinen Alltag verzerrt – oder sagen wir: wie durch eine schwarze Filterbrille – wahrnimmst?

Lass es mich genauer erklären. Dein Unterbewusstsein sucht im Außen stets nach einer Bestätigung deiner inneren Überzeugung. Also deines Glaubenssatzes. Dieser Glaubenssatz ist letztlich nichts anderes als ein sehr oft gedachter Gedanke, der durch die stetige Wiederholung immer stärker wird. Wenn du in der Tiefe deines Unterbewusstseins davon überzeugt bist, dass du nicht wertvoll oder liebenswert genug bist, so sucht dein Unterbewusstsein im Außen stets nach einer Bestätigung. Das heißt, du nimmst all jene Erfahrungen in deinem Leben, die deinen negativen Glaubenssatz bestätigen, viel intensiver wahr, während dir positive Resonanz sehr oft entgeht.

Es ist in etwa so wie mit dem roten Auto. Wenn du überlegst, dir ein rotes Auto zu kaufen, siehst du sie auf der Straße plötzlich überall. Die blauen, die grünen und die schönen pinken nimmst du gar nicht wirklich wahr. Wenn ich dich abends frage, wie viele rote Autos du heute gesehen hast, hast du sofort eine Antwort für mich parat. Wenn ich dich aber frage, wie viele gelbe dabei waren, antwortest du wahrscheinlich: »Ich weiß es nicht, vermutlich keines.«

So viel in unserem Kopf haben wir nie hinterfragt.

Genau das bewirken auch deine Glaubenssätze. Wenn du denkst, dass du nicht gut und wertvoll genug bist, nimmst du in deinem Alltag all die Dinge, die diesen Satz scheinbar bestätigen, viel stärker wahr. Zum Beispiel die Kritik deiner Vorgesetzten, wenn du einen Fehler machst. Den Mann, der dich zurückwies. Den Nachbarn, der dich nie grüßt, ja nicht mal ansieht. Die Dinge, die du schon wieder nicht geschafft hast. Die Kollegin oder Schwiegermutter, die dich von oben herab behandelt. Die Freundin, die sich nicht von selbst bei dir meldet. Das Kind, das wütend ist und schreit: »Du bist eine blöde Mama!«

Damit ist der Kreislauf aber nicht zu Ende. Jedes Mal, wenn du solch einen scheinbaren Beweis im Außen erfährst, verstärkt sich dein Glaubenssatz. Du denkst dann: »Naja, wenn die anderen mich so behandeln, dann wird es wohl stimmen, dass ich nicht wertvoll genug bin.«

DIE ERLÖSUNG: DAS IST UNSINN.

Deine Schlussfolgerung beruht auf einseitigen Beweisen. Oder anders gesagt, dein Verstand beziehungsweise dein Wahrnehmungsfilter spielt dir einen Streich. Denn in derselben Zeit, in der du diese negativen Erfahrungen gemacht hast, hat dich deine Chefin vielleicht auch mehrmals gelobt. Oder eine Kollegin hat dir gesagt, wie gern sie mit dir zusammenarbeitet. Oder dein Kind hat sich von dir trösten lassen. Oder eine Freundin hat um deinen Rat gebeten, weil sie dich schätzt. Oder dein Partner hat dich umarmt und dir gesagt, dass er dich liebt. Oder du hast viele kleine und große Herausforderungen gemeistert. Oder deine Oma hatte ein riesiges Strahlen im Gesicht, weil du sie neulich besucht hast. Oder deine Schwester oder dein Bruder haben dir erzählt, was sie belastet, weil sie dir vertrauen. Oder ein Freund hat dir seine Hilfe angeboten, weil du für ihn wertvoll und wichtig bist. Oder ein Kollege hat dich zu einem Kaffee eingeladen, weil er gern Zeit mit dir verbringt. Und so weiter.

Das sind nur einige Bespiele für handfeste Gegenbeweise, dass Sätze wie »Ich bin nicht wertvoll« oder »Ich bin nicht genug« unwahr sind.

Jeder einzelne Mensch, der mit dir seine Zeit verbringen möchte, dich um Rat fragt oder deine Nähe sucht, ist ein Beweis dafür, dass du ein Geschenk für diese Welt bist. Genauso wie alles, was du schon geschafft und gemeistert hast.

Nur leider hast du vermutlich, wie die meisten Menschen, all diese Beweise bisher viel zu wenig wahrgenommen. Wenn du abends im Bett gelegen bist, hast du den Kollegen, der dir den Kaffee spendiert hat, vergessen. Ebenso wie deinen Partner, der dir heute liebevoll über die Schultern gestrichen hat, während du von deinem Fehler in der Arbeit erzählt hast. In Erinnerung blieb nur der strenge Blick der Chefin, als sie deinen Fehler entlarvte, sowie das ungute Gefühl, schon wieder einmal nicht zu genügen.

Genauso erging es mir jahrelang. Bis ich begonnen habe, diesen Mechanismus zu durchschauen. Genau das kannst du jetzt auch tun. Und zwar, indem du beginnst, deine Macht – nämlich dein bewusstes Denken und Erinnern – auf all jene Geschehnisse auszurichten, die bestätigen, dass du ein Geschenk für diese Welt, eine Bereicherung für deine Mitmenschen und einfach wertvoll bist. Mit der Zeit verändern sich dadurch die Autobahnen in deinem Gehirn. Das wiederum führt dazu, dass du ganz automatisch jene Erlebnisse, die deinen Wert bestätigen, intensiver wahrnimmst.

Keine Sorge, du wirst dabei nicht gleich blind für Kritik. Dafür aber wirst du dir durch die Beweise mehr und mehr deines Wertes bewusst. Die Glaubenssätze in deinem Unterbewusstsein beginnen sich zu verändern. Statt »Ich bin nicht wertvoll oder gut genug« ruft dir dann immer öfter eine Stimme zu: »Du bist es wert, geliebt und geachtet zu werden.« Und das wiederum verändert deine Gedanken, deine Worte, deine Mimik, deine Gestik, deine Haltung, deine Stimme und deine Handlungen. Und das Wichtigste: Es verändert dein Gefühl. Du beginnst wieder zu spüren, wie verdammt wertvoll du bist.

SELBSTWERT-ABENTEUER

»Ich bin ein Geschenk.« Deine Beweissammlung

Schnapp dir ein schönes Notiz- oder Tagebuch.
Bevor du das regelmäßige Ritual startest, lade ich dich ein, alle Beweise dafür, dass du wertvoll bist, die dir bisher in deinem Leben bereits untergekommen sind, auf den ersten Seiten des Buches zu notieren.
Inspiration dazu findest du gleich auf den nächsten Seiten. Schreib alles auf, was bisher in deinem Leben geschah, das ein Beweis dafür ist oder sein könnte, dass du ein Geschenk für diese Welt bist.
Anschließend führst du dieses Ritual fort. Du legst das Büchlein auf dein Nachtschränkchen und hältst darin anfangs am besten mehrmals wöchentlich, aber zumindest einmal pro Woche jeden noch so kleinen Beweis dafür fest, dass du wertvoll bist.
Die Frage »Womit habe ich heute meine Umwelt, die Menschen um mich herum, meinen Arbeitgeber oder mein Leben bereichert?« kann dir dabei helfen.
Behalte dieses Ritual über mindestens acht Wochen, gern auch noch länger, bei. Du wirst erstaunt sein, was es bewirkt.

Kleine und große Beweise dafür, dass du ein Geschenk bist

Wenn dich jemand um Rat fragt.

Wenn jemand deine Meinung wissen möchte.

Wenn dir jemand ein Kompliment macht.

Wenn du jemandem hilfst.

Wenn sich jemand bei dir bedankt.

Wenn jemand Zeit mit dir verbringen möchte.

Wenn dir jemand etwas anvertraut.

Wenn dich jemand anruft oder dir
eine Nachricht schreibt.

Wenn du gute Arbeit geleistet hast.

Wenn sich jemand von dir trösten lässt.

Wenn dich jemand anlächelt.

Wenn du jemanden aufmunterst.

Wenn du jemanden lobst.

Wenn du ein leckeres Abendessen zauberst.

Wenn dich jemand umarmt.

Wenn dir jemand sein Herz ausschüttet.

Wenn du ein Projekt erfolgreich abgeschlossen hast.

Wenn dich jemand lobt.

Wenn du für jemanden ein Vorbild bist.

Wenn du die Buchhaltung gemacht hast.

Wenn dich jemand küsst.

Wenn dich jemand seine beste Freundin oder seinen besten Freund nennt.

Wenn jemand seinen Urlaub mit dir verbringen möchte.

Wenn du den Wäscheberg für die Familie gebügelt hast.

Wenn jemand sein Leben mit dir verbringt.

Wenn sich jemand den Kuchen, den du gebacken hast, schmecken lässt.

Wenn du jemandem oder deiner Firma durch deine Arbeit hilfst.

Wenn dir jemand achtsam zuhört.

Wenn du jemandem achtsam zuhörst.

Wenn dir jemand sagt, was du ihm bedeutest.

Quellen und Tankstellen des Selbstwertgefühls

DEINE KINDHEIT

Nachdem du bereits das erste Werkzeug, das dich dabei unterstützen kann, dich wieder wertvoller zu fühlen, kennengelernt hast, wollen wir in diesem Kapitel noch etwas tiefer eintauchen. Wir schauen uns drei Quellen des Selbstwertgefühls an, sodass du erkennst, wo genau auf der Reise dir deines eventuell abhandengekommen ist. Weil wir aber keine Problemwälzer sind, gibt es immer gleich praktische Anleitungen, wie du aus ausgetrockneten Quellen wieder Krafttankstellen machen und deinen Selbstwert stärken kannst.

Die erste Selbstwert-Quelle ist die Kindheit. Wie könnte es anders sein? Wie so vieles liegt auch der Ursprung unseres Selbstwertempfindens in unseren ersten Lebensjahren und in all dem, was wir damals erfahren haben. Aber ganz so einfach ist es nicht zu eruieren, warum wir womöglich bereits als Kleinkind begonnen haben, uns weniger wichtig oder wertvoll als andere zu fühlen. Unter anderem liegt das daran, dass wir mit rund 25 Prozent unserer Prägungen bereits auf die Welt kommen. Das bedeutet, jemand, der mit selbstbewussten und bejahenden Prägungen geboren wurde, nimmt als Kind vermutlich wesentlich mehr Strenge, Ablehnung und Unsicherheiten im Außen in Kauf, ohne dass sein Selbstwert davon Schaden nimmt, als jemand, der eher sensibler, introvertierter oder zurückhaltender Natur ist.

Neben den angeborenen Prägungen wird das Selbstwertgefühl vor allem durch die Erziehung und das Verhalten unserer Eltern oder anderer uns nahestehender Menschen beeinflusst. Um es pauschal auf den Punkt zu bringen, geht es dabei meist um einen einzigen Satz: Haben unsere Eltern und Erziehungsberechtigten uns mit ihrem Verhalten vermittelt, dass wir gut sind, so wie wir sind, und zwar auch dann, wenn wir nicht all ihre Forderungen und Erwartungen erfüllt haben? Wenn ja, dann hat sich das positiv auf unser Gefühl, wertvoll für diese Welt zu sein, ausgewirkt.

Ist aber das Gegenteil der Fall, wurde uns vermittelt, dass wir anders, besser, rücksichtsvoller, fleißiger, schneller, leiser, folgsamer, klüger oder demütiger sein müssen, um okay zu sein, dann hat sich das eher nachteilig auf unser Selbstwertgefühl ausgewirkt.

Hast du als Kind vermittelt bekommen, wertvoll zu sein?

Natürlich ist damit nicht gemeint, dass Eltern ihren Kindern alles durchgehen lassen oder sie gar zu kleinen Narzissten erziehen sollen. Nein, vielmehr geht es darum, dem Kind in jeder Lebenslage, unabhängig davon, was es tut oder nicht tut, ob es versagt, gehorsam ist oder nicht, zu vermitteln, dass es als Mensch trotzdem okay ist, so wie es ist.

Wenn wir bereits als Kind aufgrund des Verhaltens unserer Eltern schließen, dass wir anders oder besser sein müssen, so ist es unmöglich, uns so, wie wir sind, als wertvoll zu empfinden. Unsere Eltern waren damals unser Spiegel der Welt. Das bedeutet, wenn sie uns nicht als richtig und wertvoll empfunden haben, konnten auch wir das nicht tun.

DIE FASSADEN SIND WACKLIG

Auch wenn es manche von uns, nachdem sie gelernt hatten, was ihren Eltern gefällt und was nicht, geschafft haben, deren Ansprüchen gerecht zu werden, war da meist eine innere Stimme, die ihnen zuflüsterte: »Ja, wenn du dich verstellst, nicht dein wahres Gesicht zeigst und dich ständig bemühst, dann bist du gut genug für sie. Aber Vorsicht, niemand darf diesen Schwindel erkennen, denn sonst weiß jeder, dass du in Wahrheit nicht genug bist.«

Diese Schlussfolgerung kann sich derart stark im Unterbewusstsein verankern, dass man sein Leben lang das Gefühl hat, sein wahres Selbst verbergen zu müssen, um nach außen hin gut genug zu sein. Menschen, die derartige Glaubenssätze haben, leiden nicht selten am sogenannten Hochstapler-Syndrom: Sie glauben fest daran, dass sie alles Gute, was ihnen widerfährt, nicht verdienen und dies nichts als ein Glücksfall sei, der sich in Luft auflöst, sobald sie jemandem ihr wahres Gesicht inklusive all ihrer Schwächen zeigen. Zusammengefasst kann man sagen: Je weiter sich der Satz »Ich bin nicht gut, so wie ich bin« in uns ausgebreitet hat, desto geringer ist in der Regel das Selbstwertgefühl.

»Aha, meine Eltern sind an allem schuld!«, könntest du jetzt denken. Aber vor dieser Schlussfolgerung warne ich. Zum einen spiegelt das Verhalten der Eltern leider nicht immer die Liebe zu ihrem Kind wider, die sie aber in Wirklichkeit empfinden. Zum anderen gilt es zu bedenken, dass auch unsere Eltern fast immer selbst verletzte innere Kinder haben, die womöglich falsch handeln – aber dies nicht aus einer bösen Absicht heraus, sondern aufgrund eigener leidvoller Erfahrungen und aus Unwissen tun.

Die Schuldfrage bringt uns ohnehin nicht weiter. Daher schlage ich vor, dass wir uns der ersten Selbstwert-Tankstelle widmen. Dazu lade ich dich ein, Kontakt mit deinem inneren Kind aufzunehmen.

SELBSTWERT-ABENTEUER

Dein Selbstwert zwischen 0 und 10

Stell dir dich selbst als Kind in einem Alter zwischen drei und sieben Jahren vor. Du musst dazu nicht unbedingt eine bestimmte Situation vor Augen haben. Versetz dich nun für einen Augenblick in dein kleines Ich und schätze dich aus dessen Augen auf der folgenden Skala ein. Bei welcher Zahl ist der Selbstwert deines kleinen Ichs damals hängen geblieben?

10 »Ich bin wunderbar und genüge immer.«
9
8
7
6
5
4
3
2
1
0 »Ich bin nicht richtig.«

Merk dir die ausgewählte Zahl, so kannst du später überprüfen, inwiefern die Krafttankstellen dieses Buches dein Selbstwertgefühl stärken.

EINE REISE ZU DEINEM INNEREN KIND

In uns allen wohnen verletzte innere Kinder. Man erkennt sie daran, dass sie seit ihrer Verletzung um kein Jahr gealtert sind. Die Verletzung ist so frisch wie am ersten Tag und wenn sie jemand anfasst oder gar drauftritt, schmerzt das genauso wie damals. Weswegen wir dann auch so reagieren wie damals: beleidigt, übertrieben laut, schmollend, ängstlich, neidisch, aggressiv, heulend, wütend, tief verletzt oder schreiend.

Damit du dir das besser vorstellen kannst, habe ich eine kleine Geschichte für dich geschrieben. Susanne war fünf Jahre alt, als ihr Bruder Björn zur Welt kam. Bis dahin gehörte ihr die große Bühne ganz allein. Mama und Papa hatten nur Augen für sie. Von einem auf den anderen Tag war Susanne dann aber plötzlich die Große. Statt dass Mama ihr die Hand reichte und ihr die Treppe hinunterhalf, wurde sie gebeten, dieses und jenes selbst zu tragen. Außerdem waren beide Eltern immer öfter ärgerlich. »Susanne, du bist kein Baby mehr, zieh dir die Schuhe gefälligst selbst an, patz nicht herum wie ein kleines Kind, beschäftige dich allein …«

Susanne hatte immer öfter das Gefühl, es den Eltern nicht mehr recht machen zu können. So sehr sie sich auch bemühte, alles richtig zu machen, die Eltern entzogen ihr dennoch die Aufmerksamkeit, die sie so gern wieder für sich allein gehabt hätte. Doch sie schenkten sie ihrem kleinen Bruder. Ihm gegenüber waren sie auch nicht ärgerlich. Er schien also, im Gegensatz zu ihr, alles richtig zu machen. Susanne interpretierte all diese für sie kränkenden Erlebnisse und kam im Laufe der Zeit zu folgenden Überzeugungen:

- »Ich mache alles falsch.«
- »Ich bin nicht richtig.«
- »Ich bin weniger wertvoll und wichtig für meine Eltern als mein Bruder.«
- »Ich genüge einfach nicht.«
- »Andere sind besser oder liebenswerter als ich.«

Heute ist Susanne 33 Jahre alt. Und weil es bisher niemand geschafft hat, sie wieder vom Gegenteil, nämlich davon, dass sie wertvoll, wichtig und etwas Besonderes ist, zu überzeugen, ist das kleine Mädchen, das symbolisch noch immer in ihr wohnt, seit der Geburt von Björn kein Jahr älter geworden und keinen Millimeter gewachsen.

Wir alle tragen kleine Susannes in uns. Pauschal könnte man sagen: Jeder negative Glaubenssatz, der in unserer Kindheit entstand, stellt ein verletztes inneres Kind dar. Glücklicherweise aber haben wir heute die Selbstwert-Tankstelle dabei. Sie spendet unserem inneren Kind Dünger zum Wachsen.

Vorerst solltest du dich dabei vor allem um den Leitsatz, der den Selbstwert deines Kindheits-Ich sabotiert hat, kümmern. Ziel ist es, aus »Ich bin nicht richtig so, wie ich bin« oder »Ich genüge nicht« ein »Ich bin okay so, wie ich bin« oder »Ich bin gut so, wie ich bin« und in weiterer Folge ein »Ich bin wertvoll« oder »Ich bin ein Geschenk für diese Welt« zu machen.

Ich bin ein Geschenk.

SELBSTWERT-TANKSTELLE

Selbstwert-Dünger für dein inneres Kind

Welchen Skalenwert hast du bei der Einschätzung deines kindlichen Selbstwertgefühls ein paar Seiten zuvor erhalten? Mal sehen, wie er sich durch diese Tankstelle hier ändert.
Stell dir bitte vor, wie du mit einer Zeitmaschine zu deinem kleinen Ich in die Vergangenheit zurückreist. Visualisiere dafür vor deinem inneren Auge am besten eine bestimmte Situation oder einen bestimmten Ort. Zum Beispiel dein Kinderzimmer. Dein kleines Ich hockt dort mit hängenden Schultern und der tiefen Überzeugung, nicht gut oder liebenswert genug, irgendwie nicht richtig zu sein. Schließe für diese Vorstellung gern deine Augen.
Deine Aufgabe ist es nun, diesen kleinen, süßen Knirps davon zu überzeugen, dass er genau so, wie er ist, richtig ist. Dafür kannst du unterschiedliche Instrumente verwenden.

WUNSCHKONZERT

Stell ihm die Frage: »Was müsste jetzt passieren, damit du dich wertvoll, richtig und gut genug fühlst?« Und dann lausche der Antwort. Susanne könnte zum Beispiel sagen: »Mama und Papa müssten mit mir allein ins Legoland und danach zum großen Sandspielplatz ans Meer fahren, dann hätte ich wieder das Gefühl, dass ich wertvoll für sie und richtig bin.« Oder dein Kind sagt: »Mama müsste mich in den Arm nehmen und trösten, statt mich im Zimmer einzusperren.« Notiere dir alle Antworten und spiele anschließend die Zauberfee. Lass die Wünsche des Kindes vor deinem inneren Auge einfach in Erfüllung gehen. Es steht dir frei, ob du anstatt deiner Eltern in deiner Vorstellung deinem kleinen Ich die Wünsche selbst erfüllst oder ob tatsächlich Mama und Papa oder andere wichtige Personen aus der Kindheit als liebevolle Figuren in deinem Drehbuch erscheinen. Entscheide so, wie es sich für dich besser anfühlt.

Einfach erläutert ergibt sich die Wirkung der Methode daraus, dass unser Verstand zwischen Realität und Vorstellung nicht unterscheiden kann. Und das bedeutet, dass deine Visualisierung heilsame Effekte hat und selbstwertstärkend wirkt.

Wenn dir die Reise guttut – unternimm sie gern immer wieder und tanke so Selbstwertgefühl für dein inneres Kind, einen sehr wichtigen Anteil deiner selbst, auf.

ANERKENNUNG UND LIEBE FÜR DEIN KLEINES ICH

Wo du jetzt schon einmal die weite Reise zurück in deine Kindheit angetreten hast, lass uns auch gleich noch eine zweite Intervention unternehmen. Weil du ja bald wieder zurück ins Hier und Jetzt musst, aber nicht willst, dass dein inneres Kind gleich danach wieder weint und glaubt, es sei nicht wertvoll, lässt du ihm einen Erinnerungszettel da.

In etwa so: »Schau, meine Kleine. Hier habe ich dir die Wahrheit über dich aufgeschrieben. Ich lass dir diesen Erinnerungszettel da, denn ich weiß, dass du diese Wahrheit leicht wieder aus den Augen verlierst, weil sich so viel Unwahres in dein kleines Herz eingebrannt hat.«

Wie dieser Erinnerungszettel aussieht, das bestimmst natürlich du. Wichtig ist, dass du ihn mit der Hand schreibst. Am besten startest du mit einem Einleitungssatz: »Meine süße, kleine… (Vorname), auch wenn es dir manchmal nicht so vorkommt, bitte vergiss niemals, dass folgende Sätze die einzige Wahrheit über dich sind…« Notiere nun mindestens zehn Sätze. Ich gebe dir gleich einige Inspirationssätze, die unseren inneren Kindern in der Regel guttun. Du darfst aber natürlich auch selbst schöpferisch werden. Schreib zum Beispiel:

- Du bist gut so, wie du bist, mein Schatz.
- Alles an dir ist richtig.
- Du bist so ein wundervoller, strahlender kleiner Stern.
- Du bist immer liebenswert.
- Du hast so viel Potenzial.

- Du hast es verdient, geknuddelt und geschätzt zu werden.
- Du bist ein Geschenk für diese Welt.
- Du bist für mich das wundervollste Mädchen / der großartigste Junge der Welt.
- Du bist willkommen.
- Auch wenn es dir nicht immer so vorkommt, deine Eltern lieben dich unendlich.
- Es ist schön, dass es dich gibt, mein Schatz.
- Du bist unendlich wertvoll für mich.
- Egal, was passiert, ich werde dich immer lieben.
- Ich bin jetzt für dich da.
- Danke, dass du so stark warst, mein kleiner Schatz.
- Du musst dich nicht anstrengen, du bist gut so, wie du bist.
- Ich erkenne dich in all deiner Liebenswürdigkeit und mit all deinen wundervollen Eigenschaften.
- Du wirst nie wieder allein sein, ich bin jetzt für dich da.
- Du darfst dich lieben lassen und heil werden.

DEINE MITMENSCHEN

Du bist der Durchschnitt jener fünf Menschen, mit denen du die meiste Zeit verbringst, schrieb einst der Autor Jim Rohn. Was er damit meint, ist, dass sich Menschen, die viel Zeit miteinander verbringen, mehr und mehr einander angleichen. Wir beginnen also unbewusst, unser näheres Umfeld zu imitieren, übernehmen Meinung, Werte und Ansichten der anderen. Umgekehrt verhält es sich ähnlich. Vielleicht sind es bei dir nun nicht genau fünf, sondern drei oder zehn Menschen, aber Fakt ist, dein näheres Umfeld beeinflusst deine Prägungen äußerst stark. In Bezug auf den Selbstwert beeinflussen uns vor allem menschliche Selbstwert-Tankstellen – und Selbstwert-Vampire. Beide natürlich auf ganz unterschiedliche Weise. Im Folgenden möchte ich dir diese zwei Typen von Menschen kurz vorstellen.

DER SELBSTWERT-TANKSTELLEN-TYP

Das ist ein Mensch, der ein Auge für all deine Talente, deine Stärken sowie deine liebenswerten Eigenschaften hat. Er macht dir oft Komplimente, spricht Lob aus und es macht ihm sichtlich Freude, mit dir Zeit zu verbringen. Nicht selten bedankt er sich nach ein paar gemeinsamen Stunden herzlich für deine Aufmerksamkeit, deine Tipps oder einfach deine Anwesenheit. Er hat dir gegenüber eine äußerst wohlwollende und unterstützende Haltung.

Er glaubt an dich, selbst dann, wenn du selbst es nicht tust.

Er bestärkt dich in deinen Vorhaben und hat eine hohe Meinung von dir. Wenn du einen Fehler machst, gibt er dir nicht das Gefühl, versagt zu haben, sondern versucht, dir zu vermitteln, dass das jedem hätte passieren können und dein Malheur nichts daran ändert, dass du wertvoll und liebenswert bist. Wenn du einen schlechten Tag hast und an dir zweifelst, baut er dich mit seinen Worten auf. Er behandelt dich nie von oben herab, sondern ist immer auf Augenhöhe mit dir, daher fühlst du dich in seiner Anwesenheit niemals klein oder unwichtig.

Kurzum: Der Selbstwert-Tankstellen-Typ zweifelt nie an deinem Wert und sieht dich als ein Geschenk und eine Bereicherung für sein Leben.

Natürlich gibt es auch mit einem Selbstwert-Tankstellen-Typ, gerade wenn es sich um den eigenen Partner oder andere sehr nahestehende Menschen handelt, mal Konflikte. Außerdem ist die Beschreibung hier das Ideal dieses Typs. Auch Menschen, die nur einen Teil dieser Worte erfüllen, tragen dazu bei, dein Gefühl, wertvoll zu sein, zu stärken.

DER SELBSTWERT-VAMPIR

Das wiederum ist ein Mensch, der dir häufig durch seine Aussagen, seine Mimik, Gestik oder seine Taten vermittelt, dass du nicht gut genug bist. Er behandelt dich gern von oben herab, führt dich vor und reitet auf jedem deiner Fehler herum. Lob hingegen verteilt er kaum. Selbst ein einfaches »Danke« kommt ihm schwer über die Lippen. Je mehr du versuchst, ihm gerecht zu werden, desto mehr spürt er seine Überlegenheit und nutzt sie aus. Er fühlt sich dadurch in deiner Gegenwart größer.

In vielen Fällen ist es so, dass er selbst unter einem geringen Selbstwert leidet und dir deinen daher durch sein Verhalten wie ein Vampir entzieht. Besonders gefährlich wird es mit ihm, wenn du das Gefühl bekommst, einfach nichts richtig machen zu können und nie zu genügen. Er verunsichert dich auf allen Ebenen, sodass du mehr und mehr seinem negativen Urteil über dich vertraust.

Auch diese Darstellung des Selbstwert-Vampirs ist extrem. In der Realität gibt es natürlich auch mildere Versionen dieses

Typs. In einem späteren Kapitel komme ich noch genauer auf diesen Typ zu sprechen – vorerst kümmern wir uns um die Selbstwert-Tankstellen in deinem Leben.

STEIG EIN IN DIE AUFWÄRTSSPIRALE

Obwohl der Grundstein unseres Selbstwertgefühls in der Kindheit gelegt wurde, beeinflussen natürlich die Menschen, denen wir im Laufe unseres Lebens begegnen, den weiteren Verlauf unserer Selbstwertentwicklung. Ich zum Beispiel war mir als junge Erwachsene wenig über meinen Wert bewusst. Ich schätzte mich als nichts Besonderes ein und hatte die Tendenz, mich zu verstecken. Als ich schließlich im Alter von 26 meinen Job wechselte, traf ich auf einen Vorgesetzten, der wesentlich mehr von mir hielt als ich selbst. Er förderte nicht nur meine Talente, sondern verteilte auch fleißig positives Feedback. Anfangs änderte das nicht viel, aber mit der Zeit drangen seine Worte immer tiefer in mein Unterbewusstsein vor. Als mir schließlich noch ein paar mehr menschliche Selbstwert-Tankstellen in Form von Kunden, Kolleginnen und Freunden über den Weg liefen, wuchs mein Selbstwertgefühl in die Lüfte hinauf. Von diesem Zeitpunkt an zog ich beinahe magnetisch immer mehr Selbstwert-Tankstellen in mein Leben, während sich alle Selbstwert-Vampire nach und nach wie von selbst verabschiedeten.

Kurzum: Dein bisheriges Umfeld ist mit ausschlaggebend dafür, wie es um deinen Selbstwert steht. Diese Feststel-

lung dient nun aber keineswegs dazu, dass du dich zurücklehnst und sagst: »Hab ich mir gleich gedacht, die anderen sind schuld.« Sie ist vielmehr eine Aufforderung dazu, dir die menschlichen Selbstwert-Tankstellen in deinem Leben bewusst zu machen, damit sie sich vermehren können. Solange wir nämlich jenen Menschen, die uns bestärken und groß machen, nicht unsere Aufmerksamkeit schenken, solange kann sich unser Selbstwert auch nicht wirklich von ihnen nähren lassen. Lenken wir unsere Energie auf jene Menschen, die unseren Wert bestätigen, so fühlen wir uns automatisch auch wertvoller, willkommener und wichtiger. Das können wir sogar im Nachhinein tun. Daher lade ich dich an dieser Stelle wieder zu einer Praxisübung ein.

SELBSTWERT-ABENTEUER

Setz die Wertschätzungsbrille auf

Diese Übung besteht aus zwei Schritten. Zuerst werde ich dich dazu anregen, einige Listen von Menschen zu erstellen. Das wird dir dabei helfen, zu erkennen, wie wertvoll du bereits für viele Menschen in deinem Leben warst und bist. Durch dieses Erkennen nährst du dein Selbstwertgefühl – oftmals auch im Nachhinein. Denk daher bitte nicht nur an Menschen, die dein Leben aktuell prägen, sondern auch an alle Begegnungen in deiner Vergangenheit. Zum Beispiel an Lehrer, eine Tagesmutter, Eltern, Tanten, Schul- oder Studienfreunde, Großeltern, Geschwister, Freunde, Kolleginnen, Vorgesetzte, Kundinnen und so weiter.

Beim Erstellen dieser Listen kann es sein, dass dir manchmal niemand, manchmal nur eine und manchmal mehrere Personen einfallen. Die Namen, die du auflistest, dürfen sich selbstverständlich auch wiederholen. Das heißt, wenn eine oder mehrere Personen immer wieder auf deiner Liste erscheinen, ist das völlig okay – oder sogar gut, denn dann hast du eine große und bedeutsame menschliche Selbstwert-Tankstelle ausfindig gemacht.

1. SCHRITT: DEINE LISTEN

- Liste alle Menschen auf, die dich je gemocht und gern mit dir Zeit verbracht haben oder es auch aktuell noch tun.
- Liste alle Menschen auf, denen du je begegnet bist und von denen du denkst, dass sie an dich und dein Potenzial glauben oder geglaubt haben.
- Liste alle Menschen auf, von denen du dich aktuell oder in der Vergangenheit wertgeschätzt gefühlt hast.
- Liste alle Menschen auf, die dir jemals das Gefühl gaben, etwas Besonderes zu sein.
- Liste alle Menschen auf, die dich oder etwas, was du getan hast, geschätzt haben.
- Liste alle Menschen auf, von denen du mindestens einmal ein ehrliches Lob oder Kompliment bekommen hast.
- Liste alle Menschen auf, von denen du glaubst, dass du für sie unbezahlbar bist. Für die du also mehr wert bist als alles Geld der Welt.

2. SCHRITT: DER LIEBEVOLLE BLICK AUF DICH

Nun lade ich dich dazu ein, dass du eine von den notierten Personen auswählst. Such dir anschließend eine ruhige Umgebung. Wenn möglich, leg Meditations- oder Entspannungsmusik auf (in großer Auswahl auch auf YouTube zu finden). Du wirst nun gleich eine außerkörperliche Erfahrung machen. Geh dazu wie folgt vor:
Mach es dir bequem und atme drei Mal tief in den Bauch ein und wieder aus. Komm ganz bei dir und deinem Körper an. Lass die Gedanken ziehen.

Nun stell dir die Person deiner Wahl vor deinem inneren Auge vor. Sie lächelt dich wohlwollend, liebevoll oder stolz an.
Nun schwebst du in deiner Visualisierung aus deinem Körper heraus und lässt dich im Körper der ausgewählten Person wieder nieder. Du siehst dich jetzt aus den Augen dieses anderen Menschen. Dein Blick ist liebevoll, wohlwollend und wertschätzend.
Verweile einige Minuten in dieser Perspektive und genieße sie. Spüre die guten Gefühle.
Wenn du dann zurück ins Hier und Jetzt kommst, vollende die Übung, indem du deine Erkenntnisse notierst. Versetz dich gedanklich wieder in die andere Person und beantworte aus ihrer Perspektive die folgenden Fragen. Wenn dir auf eine Frage keine Antwort einfällt, springst du einfach weiter zur nächsten. Diesen letzten Schritt brauchst du nur einmalig ausführen. Wenn du diese Praxis wiederholst, kannst du ihn auch weglassen.

- Was mag oder liebt diese Person an dir?
- Wofür bewundert oder schätzt sie dich?
- Welche positiven Eigenschaften sieht sie in dir?
- Wofür ist sie dir dankbar?
- Was an dir findet sie besonders liebenswert?

Je öfter du diese Übung machst, desto mehr wirst du dich durch die Wertschätzungsbrille sehen und durch die daraus resultierenden Gedanken dein Selbstwertgefühl stärken.

Und nicht vergessen:
Nur weil du nicht
jeden Tag gesagt
bekommst, wie
liebenswert du bist,
heißt das nicht, dass
du es nicht bist.

SELBSTERFAHRUNG

Die dritte, sehr wesentliche Krafttankstelle für unseren Selbstwert ist die Selbsterfahrung. Je mehr Erfolgserlebnisse ein Mensch hat, desto stärker ist in der Regel sein Selbstbewusstsein und sein Gefühl von Selbstwirksamkeit. Zu diesen beiden wichtigen Begriffen komme ich gleich noch. Vorab möchte ich erklären, warum einige Menschen, die positive Selbsterfahrungen gemacht haben, dennoch unter einem starken Selbstwertmangel leiden.

Du erinnerst dich vielleicht an die Einleitung. Wenn wir negative Glaubenssätze in uns haben, suchen wir deren Bestätigung ständig im Außen. Wir nehmen also die Welt um uns herum verzerrt wahr. Genau das kann auch bei unseren Erfolgserlebnissen passieren. Wir reden uns ein, dass wir nur Glück hatten und es nichts Besonderes war. Oder wir vergessen sie recht schnell wieder, während wir unser Augenmerk auf Misserfolge legen. Keine Sorge, auch dagegen gibt es Abhilfe. Aber lass uns zuvor noch schauen, was hinter den Begriffen Selbstvertrauen und Selbstwirksamkeit eigentlich genau steckt.

Viele Menschen denken, Selbstvertrauen bedeutet, dass man glaubt, bereits alles zu können oder gar der oder die Beste zu sein. Nein! Es heißt einfach, dass man es sich selbst zutraut, alles Nötige zu erlernen und an jeder Herausforderung zu wachsen, sodass man sie schlussendlich auch meistern kann. Nimm zum Beispiel mich und dieses Buch. Bevor ich loslegte, wusste ich weder genau, wie jedes Kapitel hier aussehen soll, noch war ich der Überzeugung, dass sich durch mein Zauberhändchen ein neuer Bestseller gestaltet. Aber ich hatte von Anfang an das Vertrauen in meine Fähigkeit, stetig im Prozess dazuzulernen, sodass auch dieses Mal wieder ein schönes Werk entstehen wird, das hoffentlich vielen Menschen dabei hilft, die Beziehung zu sich selbst zu verbessern. Mitverantwortlich für diese Zuversicht und dieses Vertrauen in mich sind natürlich auch meine bisherigen positiven Erfahrungen, die ich beim Schreiben meiner letzten drei Bücher gemacht habe.

SELBSTWIRKSAMKEIT

Wie der Begriff selbst schon verrät, geht es dabei darum, dass man sich selbst über seine Kraft, etwas bewirken zu können, im Klaren ist. Man ist sich also darüber bewusst, dass man kein Opfer ist, sondern durch die Kraft seiner Gedanken, Taten und Worte etwas verändern kann.

Auch hierzu ein Beispiel: Anna und Gerlinde haben gleichzeitig ihren neuen Job in der Marketingabteilung eines renommierten Unternehmens gestartet. Mitunter herrscht in dieser Abteilung aufgrund der hohen Auftragslage ein stressiges und raues Klima. Sowohl Anna als auch Gerlinde fühlen sich von den Kollegen anfangs nicht gut aufgefangen. Während Anna sich ihrem Schicksal einfach ergibt und sich mehr und mehr von den Kollegen zurückzieht, vertraut Gerlinde auf ihre Kommunikationsfähigkeit, die ihr schon oft dabei geholfen hat, Konflikte und Missverständnisse aus dem Weg zu räumen. Sie bittet ein paar Kollegen aktiv um Hilfe und nähert sich dem ein oder anderen auch auf privater Basis an. Nach einigen Wochen fühlt sich Gerlinde gut im Team aufgenommen und verspürt zunehmend weniger Stress.

Sie ist sich ihrer Selbstwirksamkeit bewusst gewesen und hat aktiv Gebrauch davon gemacht. Ganz anders als Anna, die sich als Opfer der Umstände fühlte und somit nicht von ihrer Selbstwirksamkeit Gebrauch machte.

Die beiden Komponenten Selbstvertrauen und Selbstwirksamkeit sind mit dafür ausschlaggebend, wie es um unseren Selbstwert steht. Denn wenn ich das Gefühl habe, in einem Gefüge wie beispielsweise einem Team, meiner Familie oder im Freundeskreis etwas bewirken zu können, und mir das außerdem auch zutraue, dann fühle ich mich als Mensch für dieses Gefüge wertvoller.

Mit der Selbstwirksamkeit hast du in diesem Buch bereits Bekanntschaft gemacht – über die praktischen Übungen. Wenn du diese nämlich tatsächlich anwendest, wirst du bemerken, dass sich dadurch etwas in dir und nach und nach auch etwas in deinem Leben verändert.

Dein Üben bewirkt was.

Auch ein Blick in die Vergangenheit kann dir dabei helfen, deine Selbstwirksamkeit zu erkennen. Vielleicht hast du dich hier und da als Opfer gefühlt, aber es gab bestimmt auch viele Situationen, in denen du durch dein Handeln oder deine liebevollen, klaren oder strengen Worte etwas bewirkt hast. Indem du dich darauf fokussierst, wandert die Erkenntnis, dass du der Pilot deines Lebens und nicht bloß ein Passagier bist, bis in dein Unterbewusstsein.

Eine ähnliche Wirkung erfährst du auch, wenn du in Bezug auf dein Selbstvertrauen einen Blick zurück in die Vergangenheit wirfst. Du wirst dabei feststellen, dass du einige Fähigkeiten und Eigenschaften hast, die derart gut ausgereift sind, dass du auf sie vertraust. Die Fragen im nächsten Selbstwert-Abenteuer werden dir hierbei auf die Sprünge helfen.

SELBSTWERT-ABENTEUER

Selbst wirken und vertrauen

Die folgenden Fragestellungen helfen dir, deine Selbstwirksamkeit zu erkennen und dein Vertrauen in dich zu stärken. Mach dir dazu am besten Notizen, damit sich die Botschaften besser festigen können. Falls dir bei einer Aufgabenstellung nichts einfällt, überspringst du sie einfach und gehst weiter zur nächsten.

- Denk an Dinge, von denen du dachtest, du würdest sie niemals lernen, bis du sie dann aber doch irgendwann beherrscht hast. Laufen oder eine Sprache lernen vielleicht, neue Aufgaben im Job, ein neues Computerprogramm, Ski fahren, tanzen, dich bei den Kindern durchsetzen, dich anderen Menschen öffnen, zu deinen Fehlern stehen, deine Meinung sagen …

- Denk in Verbindung mit dem ersten Punkt auch an all das, was du heute besser kannst als früher.
- Denk an alle Herausforderungen und Krisen, die du gemeistert hast, obwohl du vielleicht anfangs dachtest, das schaffst du nicht. Krankheiten vielleicht, Trennungen, Jobverlust, ein neuer Job, Umzüge …
- Denk an all das, was du in deinem Leben bereits durch deine Fähigkeiten und Eigenschaften bewirken konntest. Vielleicht konntest du durch deine Empathie andere Menschen oder ein Kind trösten. Dir durch deinen Fleiß eine eigene Wohnung leisten. Durch dein Durchhaltevermögen sportliche Leistungen erzielen. Durch deine Kreativität wundervolle Momente in Fotos einfangen oder Bilder malen. Durch deine positive Natur andere motivieren …
- Denk an all deine Eigenschaften und Fähigkeiten, für die du bereits Lob bekommen hast.
- Denk an all die Dinge, bei denen du öfter um Rat gefragt wirst. In denen du also ein (oft inoffizieller) Experte oder eine Expertin bist. Bei Kochrezepten vielleicht, in der Kindererziehung, der Meditation, Yoga, Organisation, Mode, Sport, Ernährung …

Liste deine Antworten handschriftlich auf und ergänze sie im Laufe der Zeit, wenn dir noch etwas einfällt. Du wirst erstaunt sein, wie stark deine Selbstwirksamkeit bereits jetzt ist und wie viele Gründe du hast, dir selbst mehr zu vertrauen.

Deine Selbstwert-Räume

HELLE ZIMMER, DUNKLE ZIMMER

»Ich habe ein geringes Selbstwertgefühl«, gestand mir meine Kursteilnehmerin Marita neulich. »Da bin ich mir nicht sicher«, sagte ich frech, weil ich sie durch unsere Kommunikation schon ein bisschen besser kennengelernt hatte. Marita schaute mich erschrocken an, sodass ich gleich zur Erklärung ausholte. »Ja, ich habe mitbekommen, dass dich im Job öfter Minderwertigkeitsgefühle überkommen. Ich habe aber auch wahrgenommen, dass du eine sehr selbstbewusste und gute Mutter bist.« Marita nickte eifrig. »Ja, als Mutter fühle ich mich durchaus wertvoll. In diesem Bereich habe ich mittlerweile auch richtig viel Selbstvertrauen«, sagte sie und lächelte.

Wie dieses Beispiel zeigt, kann unser Selbstwertgefühl in den verschiedenen Lebensbereichen sehr unterschiedlich sein. Man könnte also sagen, unser Selbstwert besteht aus unterschiedlichen Zimmern. Während das eine Zimmer bereits tipptopp glänzt, gibt es im anderen noch dringend Polierbedarf. Wir haben nicht einen einzigen Selbstwert, sondern unterschiedliche Selbstwerte.

Hinzu kommt auch, dass uns manche Zimmer wichtiger sind als andere. Bestimmt kennst du das auch von deinem Zuhause. Im Wohnzimmer oder in der Küche verbringst du wesentlich mehr Zeit als im Wäschezimmer oder auf der Toilette.

Während du dich wenig wohlfühlst, wenn das Wohnzimmer unaufgeräumt ist, kannst du über die Unordnung im Abstellraum gut hinwegsehen. Genauso verhält es sich auch mit unseren Selbstwertbereichen, also Lebensfeldern wie:

- Beruf und Erfolg
- Bildung
- Partnerschaft
- Familie und familiäre Rollen
- Freundschaft, Kollegschaft
- Geld und Wohlstand
- Besitztümer, Prestigeobjekte, Luxus
- Aussehen
- Sportliche Leistungen
- Talente und Gaben

Zum Verständnis wieder ein Beispiel. Klaus ist 34. Während ihn die Tatsache, dass er schon seit zwei Jahren keine feste Freundin hat, wenig in seinem Selbstwert kränkt, macht ihm die Tatsache, dass sein Freund Jürgen fast ein Drittel mehr verdient als er, richtig zu schaffen. Die Themen Erfolg im Job und Wohlstand sind wesentlich für Klaus, damit er sich wertvoll und wichtig fühlt.

Ganz anders ist das bei Marlene. Sie hat ihr Studium erfolgreich abgeschlossen und einen richtig guten Job gefunden. Dennoch wird sie immer häufiger von Minderwertigkeitsgefühlen geplagt, weil ihr Partner sie vor einem Jahr verlassen hat. Abgesehen von der Einsamkeit, unter der sie leidet, fühlt sie sich als Single weniger wertvoll.

Diese beiden Beispiele zeigen nicht nur, dass die Erfüllung verschiedener Lebensbereiche unterschiedlich auf unseren Selbstwert wirkt. Sie machen auch deutlich, dass sich die Kriterien bei Frauen und Männern oft unterscheiden. Bei Frauen spielen häufiger die sozialen Komponenten, also die Beziehung, Freundschaften oder die Familie eine wesentlichere Rolle. Bei Männern hingegen ist es oft der berufliche oder damit einhergehende materielle Erfolg, der ihren Selbstwert stärkt. Natürlich handelt es sich dabei immer nur um Durchschnittswerte. Genauso kann man auch als Frau darunter leiden, kein Studium abgeschlossen zu haben oder einer schlecht bezahlten Arbeit nachzugehen. Ebenso gibt es Männer, die darunter leiden, keine Freunde oder keine eigene Familie zu haben.

Im Haus des Selbstwertgefühls sind manche Zimmer hell und glänzend, in anderen hingegen ist es (noch) ziemlich dunkel.

Ein Thema, das den Selbstwert von uns Frauen jedoch eindeutig häufiger sabotiert, als das bei Männern der Fall ist, ist das Aussehen. Gerade für junge Mädchen ist dieses oft maßgeblich dafür, wie wertvoll sie sich wahrnehmen. Dabei hat man herausgefunden, dass das tatsächliche Aussehen und das Maß an Schönheit wenig mit der eigenen Bewertung zu tun haben.

Ein gutes Beispiel dafür bin ich selbst. Ich urteilte lange Zeit über mein Äußeres sehr negativ. Zwar war ich vor einigen Jahren noch nicht ganz so schlank wie heute, aber dennoch schon recht ansehnlich, wie ich heute im Nachhinein finde. Damals aber empfand ich mich als hässlich, zu dick und unscheinbar. Wenn ich mit meinem heutigen gesunden Selbstwert auf die Fotos von meinem damaligen Ich blicke, kann ich dieses Urteil nicht mehr nachvollziehen. Ich sehe darauf eine durchaus hübsche junge Frau.

Ähnliches erlebe ich bei meiner Selbstwert-Arbeit immer wieder. Frauen tendieren öfter dazu, ihr Äußeres abzuwerten. Diese Tatsache ist womöglich mit ein Grund dafür, warum gerade junge Frauen im Vergleich mit Männern des gleichen Alters im Durchschnitt ein schlechteres Selbstwertgefühl haben. Beim Kapitel rund um unsere Schwächen werde ich darauf noch genauer eingehen und Lösungsansätze anbieten.

Eine gute Nachricht in Bezug auf dieses Thema gibt es dennoch. Im Laufe des Älterwerdens nimmt die Abwertung des Äußeren ab, was freilich nicht damit einhergeht, dass wir im Alter automatisch alle schöner werden, sondern vielmehr dadurch zu begründen ist, dass uns Äußerlichkeiten weniger wichtig werden.

Zurück zu den Selbstwertzimmern: Durch das Erkennen der verschiedenen Selbstwertbereiche wird klar, warum sich manche Menschen, obwohl sie ein erfülltes Familienleben, wundervolle Freunde oder eben einen tollen Karriereweg haben, dennoch nicht wertvoll fühlen. Es ist daher wesentlich, dass du herausfindest, von welchem Lebensbereich sich dein mögliches Minderwertigkeitsgefühl nährt. Gleichzeitig kannst du, nachdem du dir über die unterschiedlichen Zimmer deines Selbstwertes bewusst bist, jene Zimmer, die schon glänzen, genauer ansehen. Auch wenn sie dir bisher weniger wichtig erschienen, kannst du in ihnen Energie für deinen Selbstwert tanken. Und wie das gelingt, schauen wir uns gleich in der Praxis an.

SELBSTWERT-ABENTEUER

Gestalte dein Selbstwert-Heim

Nimm dir ein Blatt Papier und einen Stift zur Hand. Ich lade dich nun ein, dass du dir eine Skizze deiner Selbstwert-Zimmer machst. Sie ähnelt dem Grundriss einer Wohnung oder eines Hauses. Du zeichnest also unterschiedliche Räume auf und benennst diese mit Bereichen, die für dein Leben relevant sind. Wenn du magst, kannst du jenen Lebensbereichen, die dir für deinen Selbstwert weniger wichtig erscheinen, auch kleine Zimmer geben, während andere, für dich essenzielle Bereiche mehr Platz bekommen. Auf der nächsten Seite siehst du ein Beispiel für einen solchen Grundriss.

Greif nun zu einem Textmarker oder einem Farbstift. Nun befüllst du die jeweiligen Zimmer mit Farbe – je nach dem Selbstwert, den du dir in diesem Bereich zuschreibst. Das heißt, wenn du dich im Zimmer »Mutter« oder »Freundin« schon sehr wertvoll fühlst, malst du dieses zu 70, 80 oder gar 100 Prozent aus. Wenn du dich im Bereich »Beruf« noch wenig wertvoll empfindest, malst du diesen Bereich nur zu 20 oder 30 Prozent aus.

Nun hast du ein schönes und klares Bild, wie es um deinen Selbstwert steht. Geh jetzt gedanklich in jeden Raum und stell dir folgende Fragen:

DEINE SELBSTWERT-RÄUME

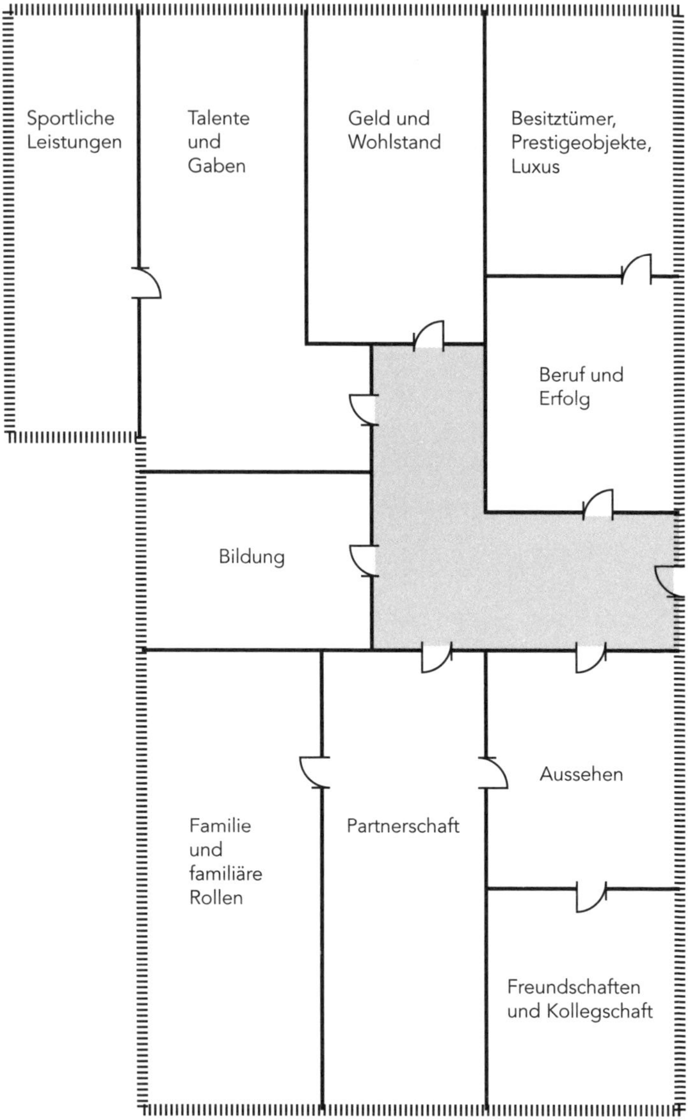

- Warum bin ich in diesem Raum schon bei 20, 40 oder 60 Prozent und nicht mehr bei 0? Was ist da schon vorhanden?
- Wodurch nährt sich mein vorhandener Selbstwert? Was bestätigt hier meinen Selbstwert? Welche positiven Erfahrungen haben zu diesem Selbstwert geführt?
- Was habe ich selbst dazu beigetragen, dass mein Selbstwert hier nicht mehr auf 0, sondern schon bei 20, 40 oder 60 Prozent ist?

Stell dir diese Fragen auch in jenen Räumen, in denen das Barometer erst bei 0, 5 oder 10 Prozent steht. Du legst deine Aufmerksamkeit damit nämlich auf das Positive, auf die Fülle. Während Mangelbewusstsein immer zu noch mehr Mangel führt, ziehst du durch den Fokus auf die Fülle auch im Außen immer öfter Fülle an. Dankbarkeit beziehungsweise Füllebewusstsein ist für dein Selbstwert-Pflänzchen wie ein Dünger, der es immer weiter wachsen lässt.

Innere Tankstellen und innere Räuber

DEN INNEREN KRITIKER AUF URLAUB SCHICKEN

Stell dir mal folgendes Bild vor. Du sitzt an einem Tisch und bist gerade dabei, dir ein schönes Kartenhaus aus verschiedenen Karten, auf denen tolle, positive Dinge über dich stehen, zu bauen. Für ein paar Momente fühlt sich das richtig gut an – aber plötzlich fällt das Kartenhaus in sich zusammen. Nach einer kurzen Frustrationspause probierst du es erneut. Aber auch diesmal lässt ein Windstoß dein Kartenhaus einfach in sich zusammenstürzen.

So geht das immer weiter, bis du plötzlich nach oben schaust und eine schwarze Wolke entdeckst, auf der ein kleiner, fieser Kerl sitzt. Mit einem Blasebalg! Jedes Mal, wenn du gerade dabei bist, deinen Selbstwert zu stärken, drückt er diesen und alles, was sich bisher aufgebaut hat, scheint sich wieder in Luft aufzulösen.

Du vermutest richtig: Dieser kleine Kerl ist der sogenannte innere Kritiker, den jede und jeder von uns in sich trägt. Durch seine Aussagen wird das zarte Pflänzchen an Selbstwert, das wir gerade aufgebaut haben, immer schnell wieder zunichtegemacht. In der Realität sitzt der innere Kritiker allerdings nicht auf einer schwarzen Wolke, sondern mitten in unserem Kopf. Er konfrontiert uns regelmäßig mit Sätzen wie:

- »Du bist ja für alles zu blöd, das kann wirklich nur dir passieren!«
- »Schau dir mal die Nachbarin an, die ist so viel hübscher und schlanker als du!«
- »Wieso kannst du nicht einmal so gewissenhaft wie deine Schwester sein?!«
- »Ich hab es ja gleich gewusst, dass du wieder aufgibst, du Niete!«
- »Den gleichen Fehler zweimal machen – du bist doch wirklich zu dumm für alles!«
- »Kannst du einmal diszipliniert sein?!«
- »Du bekommst wirklich nie etwas auf die Reihe!«

Ich könnte noch Seiten füllen mit seinen fiesen Aussagen. Aber du kennst vermutlich selbst noch viele weitere … Der innere Kritiker erscheint in uns in Form eigener, oft unbewusster Gedanken. Er nährt sich zum einen von unseren negativen Glaubenssätzen, auf denen er dann gern herumreitet, und zum anderen von einem Mechanismus in unserem Gehirn, der sich Wahrnehmungsverzerrung nennt. Am besten ist es dennoch, wenn du dir den inneren Kritiker wirklich wie einen kleinen Kerl vorstellst, der versucht, dir mit unfairen Strategien Unwahrheiten über dich einzureden, die dazu führen, dass du dich weniger wertvoll und liebenswert fühlst.

Du kannst dem inneren Kritiker das Handwerk legen, indem du seine Strategien durchschaust und dir bewusst machst, dass er so gut wie keine Beweise für seine brutale Kritik hat. Drei Strategien sind es vor allem, mit denen er uns das Leben schwer macht.

DER INNERE KRITIKER GENERALISIERT

Lass mich dir diese Wahrnehmungsverzerrung an einem Beispiel aus der Partnerschaft aufzeigen: Wenn du einen Streit mit deinem Partner hast und er sich ausgesprochen verständnislos und egoistisch zeigt, dann tauchen in deinem Gehirn plötzlich alle Erinnerungen auf, in denen dein Partner sich ähnlich schlecht verhielt. Unbewusst denkst du: »Mein Partner ist *immer* ignorant und verständnislos. Das Leben mit ihm ist mühsam, verletzend und einsam …« Und schon entsteht aus einem einzigen Streit die generelle Schlussfolgerung, dass du eine schlechte Partnerschaft führst. Und das, obwohl es vermutlich sehr viele positive Erlebnisse gibt und dein Partner auch wundervolle Eigenschaften hat.

Du siehst, unsere Wahrnehmung kann trügen. Genau das passiert auch, wenn der innere Kritiker unsere Gedankenbühne betritt. Wenn du zum Beispiel mal antriebslos und unproduktiv bist, sagt er: »Du bist wirklich nie für etwas zu gebrauchen! Du leistest nie irgendwas Wertvolles!« Oder wenn dir bei der Arbeit ein Fehler unterläuft, dann sagt er gern: »Du kannst wirklich nie etwas richtig machen. Nie bist du akkurat! Immer enttäuschst du deine Kollegen und deinen Chef!«

Genau das tut der innere Kritiker immer, wenn er einen (vielleicht nur vermeintlichen) Schwachpunkt bei dir erkennt. Er vergisst alles, was du schon richtig oder gut gemacht hast, und generalisiert deine Fehler, Schwächen und Misserfolge. Wenn du diesen Mechanismus durchleuchtet hast, kannst du in Momenten, in denen genau das passiert, bewusst eingreifen. Du fragst dich dann einfach:

»Hey, stimmt das, was der Kerl mir da erzählt?«

Du überprüfst, ob es nicht diverse Beispiele gibt, die gegen die Generalisierung, dass du immer alles falsch machst, niemals genügst oder immer faul bist, sprechen. Nimm dir dafür wirklich bewusst Zeit und biete dem inneren Kritiker Paroli.

In etwa so: »Hey, warte mal! Es stimmt doch gar nicht, dass ich immer alles falsch mache. Erst gestern habe ich zwei Aufträge im Büro hervorragend erledigt. Für eine Freundin, die down war, habe ich genau die richtigen Worte gefunden, um sie wieder aufzumuntern, und bei einem Telefonat mit einem Kunden dafür gesorgt, dass er sich wunderbar betreut fühlt.«

Natürlich kannst du auch weiter ausholen und diverse Erfolge aus deiner Vergangenheit hervorkramen. Einige davon hast du ja schon im vorletzten Kapitel gesammelt. Wiederholst du eine solche Intervention nachhaltig, schwächst du die automatischen sabotierenden Gedanken und ersetzt sie durch bejahende und stärkende. Wie bei allen neuen mentalen Strategien gilt dabei natürlich, Geduld mit dir selbst zu haben. Es dauert eine Weile, bis unser Unterbewusstsein neue Gedanken übernimmt.

DER INNERE KRITIKER STELLT FAULE VERGLEICHE AN

Das ist die zweite Taktik, mit der der innere Kritiker gern Unheil in uns verbreitet. Du kannst dir das in etwa so vorstellen: Ein kleiner Junge besucht seit zehn Tagen die erste Klasse. Ein paar Buchstaben hat er schon gelernt. Kurz ist er stolz darauf, doch plötzlich kommt sein Lehrer, der zufällig auch »Innerer Kritiker« heißt, und sagt zu ihm: »Hey du Null, schau dir mal den Tobias aus der dritten Klasse an, der kann im Vergleich zu dir schon alle Buchstaben. Lesen und eigene Sätze schreiben kann er auch. Ich würde sagen, du gibst einfach auf und akzeptierst, dass du ein Loser bist.«

Bestimmt hat sich in dir etwas gerührt, denn das ist natürlich ein unfairer Vergleich. Und genau die stellt auch dein innerer Kritiker permanent an. Er pickt sich die Disziplinen, in denen du am schlechtesten bist, also bildlich gesprochen vielleicht noch in der ersten Klasse sitzt, heraus und vergleicht dich dort mit den Superstars in dieser Kategorie. Mein innerer Kritiker zum Beispiel reitet gern darauf herum, dass ich wirklich mies Englisch spreche. Außerdem kritisiert er auch gern mein relativ schlaffes Gewebe. Gerade dann, wenn ich im Bikini durch die Gegend laufe. Er sagt dann Sätze wie:

»Hör dir doch mal an, wie deine Freundin Hilde Englisch spricht. So gehört sich das. Bei dir klingt es einfach nur peinlich.« Oder: »Schau dir doch mal die flotte Lady im Liegestuhl neben dir an. Glatte Haut, braun gebrannt und alles straff. Du hingegen bist der reinste Wackelpudding. Schäm dich für deine Faulheit!«

Meine Freundin Hilde ist übrigens Native-Speakerin und die Frau im Liegestuhl nebenan wahrscheinlich Model. Du siehst also, das sind keine fairen Vergleiche. Zumal der Kritiker ja nur einen einzigen Bereich, nicht unser gesamtes Leben vergleicht. Vielleicht hat Hilde einen echt beschissenen Job und quält sich jeden Tag mit Magenschmerzen in die Arbeit, während ich erst mal ausschlafe und mich dann voller Freude auf dem Balkon meinem Traumjob widme. Und vielleicht hat die Frau im Liegestuhl nebenan eine richtig miese Beziehung. Vielleicht ist sie nicht sehr intelligent, hat keine Freunde oder eine derart unangenehme Stimme, dass andere kaum ihren Worten folgen können.

Du siehst schon, ein fairer Vergleich kann eigentlich nur dann stattfinden, wenn wir unser gesamtes Leben vergleichen, und das macht der innere Kritiker natürlich nicht. Weil wir uns das Vergleichen aber leider nur sehr schlecht abgewöhnen können, macht es zumindest Sinn, dass wir den Ratioanteil unseres Gehirns einschalten und realistisch vergleichen. Das heißt, du vergleichst dein Aussehen am besten nicht mit dem eines Supermodels und dein Denkvermögen nicht mit dem eines Genies. Die Autorin Stefanie Stahl nennt das auch den Reality-Check. Wenn du dich mit ganz normalen Menschen in der U-Bahn oder im Park vergleichst, wirst du bemerken, dass auch bei anderen schon allein optisch nicht alles perfekt ist. Außerdem hilft oft ein Generalvergleich – das bedeutet, du beziehst wie erläutert auch andere Lebensbereiche deines Vergleichsobjekts mit ein. Zumindest wenn du ausreichend Einblick in sein echtes Leben hast.

Um das Vergleichen tatsächlich für die Steigerung deines Selbstwertes zu nutzen, lohnt es sich, dein früheres Selbst mit deinem heutigen Selbst zu vergleichen. Das heißt, du schaust dir genau an, was du heute im Gegensatz zu früher schon besser kannst. Dabei wirst du einige eindeutige Steigerungen feststellen, was wiederum deiner Selbstwirksamkeit und deinem Selbstwertgefühl zugutekommt.

ER MISST MIT ZWEIERLEI MASS

Eine weitere fiese Nummer, die der Kritiker in uns gern abzieht, ist das Messen mit zweierlei Maß. Ich bin mir sicher, du kennst das. Wenn deine Freundin denselben Fehler zweimal macht, indem sie zum Beispiel wieder ihren Ex zurücknimmt, der sie anschließend erneut betrügt, sagst du zu ihr wahrscheinlich nicht: »Wie blöd muss man denn sein, um denselben Fehler zweimal zu machen!« Nein, du sagst vermutlich eher: »Das ist doch nachvollziehbar, du hast dich einsam gefühlt und wolltest einfach an das Gute im Menschen glauben. Jetzt mach dir doch keine Vorwürfe.«

Passiert es aber dir selbst, sagt deine innere Stimme wohl eher Dinge wie: »Das kann nur einem Idioten wie dir passieren. Wer so leichtgläubig ist, ist selbst schuld.« Oder: »Du hast es mit deiner Dummheit nicht anders verdient.« Du bemerkst schon, hier wird mit zweierlei Maß gemessen, und das ist natürlich nicht fair.

Daher bremse den inneren Kritiker auch hier aus, indem du dir beim nächsten Mal, wenn die Selbstvorwürfe wieder die Oberhand gewinnen, ganz bewusst so begegnest, wie du es auch bei deiner besten Freundin tun würdest. Nämlich liebe- und verständnisvoll und mit einer großen Portion Mitgefühl. Auch hier kannst du dir laut oder in Gedanken ganz bewusst sagen: »Jetzt ist aber mal genug, mein lieber innerer Kritiker. Hier gebe noch immer ich den Ton an und deine unfairen Strategien haben jetzt ausgedient. Ab sofort kommt die mitfühlende liebe Freundin auf die Bühne.«

Am besten ist es, du legst dir bereits vorab ein paar Sätze parat, damit du den inneren Kritiker, wenn er sich wieder einmal aufspielt, in die Schranken weisen kannst. Das tun wir im folgenden Selbstwert-Abenteuer gleich gemeinsam. Außerdem lernen wir anschließend noch die liebevolle innere Mentorin kennen, die dir dabei behilflich sein wird.

SELBSTWERT-ABENTEUER

Den inneren Kritiker aus dem Konzept bringen

Wenn wir uns darüber bewusst werden, mit welchen Strategien und mit welchen typischen Sätzen der innere Kritiker versucht, unseren Selbstwert in den Keller sinken zu lassen, erlangen wir dadurch Handlungsfähigkeit. Alles, was vom Unbewussten ins Bewusste kommt, ermöglicht uns eine Veränderung. Deshalb ist es jetzt wichtig, dass du dir die typischen Sätze, die dein innerer Kritiker häufig verwendet, bewusst machst. Durchforste dafür in Gedanken die letzten Wochen oder zumindest Tage. Achte vor allem auf jene Momente, in denen du dich nicht gut oder wertlos gefühlt hast. Das kann häufig in einer der folgenden Situationen passiert sein:

- Du hast einen Fehler gemacht oder hattest einen Misserfolg.
- Du hattest das Gefühl, etwas falsch gemacht zu haben.
- Du bist in einen Vergleich mit anderen gestolpert.
- Du hattest einen Rückschlag.
- Jemand hat dich kritisiert, ignoriert oder schlecht behandelt.

- Du hast nicht das geschafft, was du dir vorgenommen hast, und warst von dir selbst enttäuscht.
- Du hast dich einsam, alleingelassen oder schuldig gefühlt.
- Du hast dich an Dinge erinnert, die dir das Gefühl gaben, dass der Glaubenssatz »Ich bin nicht genug« stimmt.

WAS HAUT DIR DER INNERE KRITIKER GERN UM DIE OHREN?

Durchforste all diese Situationen und versuche herauszufinden, was der innere Kritiker typischerweise zu dir sagt. Als Unterstützung findest du hier gleich noch einige Sätze, die die meisten inneren Kritiker verwenden. Natürlich greift der innere Kritiker aber auch auf deine negativen Glaubenssätze zurück. Auch diese solltest du dir bei dieser Übung notieren. Sie sind ja auch nichts anderes als Unwahrheiten, mit denen er versucht, dich runterzumachen.

- »Du bist echt zu blöd für alles!«
- »Mach dir gar keine Mühe, klappt sowieso nicht.«
- »Was stimmt bloß mit dir nicht?«
- »Du bist echt eine Niete.«
- »Du machst echt alles falsch!«
- »Du bekommst wirklich nichts auf die Reihe!«
- »Du wirst es niemals schaffen.«
- »Du bist im Vergleich zu anderen einfach schlecht.«
- »Du wirst niemals gut genug sein.«
- »Du bist ein Versager.«

- »Du bist nicht liebenswert.«
- »Du wirst nie Erfolg haben.«
- »Du bist das Letzte!«
- »Was du zu sagen hast, interessiert sowieso niemanden.«
- »Du bist immer so disziplinlos, faul und naiv!«
- »Du wirst dich blamieren.«
- »Wie kann man nur so blöd sein?!«

FINDE DEINE STOPP-SÄTZE

Und nun ist es an der Zeit, dass wir uns Antwortstrategien zurechtlegen. Das sind Sätze, mit denen wir den inneren Kritiker und somit auch uns selbst erst mal aus dem Konzept bringen. Das ermöglicht es uns, die alten Gedankenmuster zu durchbrechen und bewusst neue und liebevolle zu erschaffen. Das ist der erste Schritt, bevor dann gleich im nächsten Kapitel die liebevolle Mentorin die innere Bühne betritt. Markiere dir die Antwortstrategien, die dich am meisten ansprechen, und schreib sie dir heraus. Oder formuliere eigene. Deine Stopp-Sätze dürfen und sollen sogar lustiger Natur sein. Es geht nämlich zuerst wirklich darum, den inneren Kritiker aus dem Konzept zu bringen und so deine unbewusste negative Gedankenschleife zu durchbrechen. Sag also zum Beispiel:

- »Hey Kleiner, wer hat dich denn um deine Meinung gebeten?«
- »Stopp, jetzt ist es aber mal genug, mein Freund. Geh in dein Zimmer und verhalte dich ruhig.«
- »Du und deine fiesen Strategien haben jetzt ausgedient. Du bist fristlos entlassen.«
- »Dich braucht hier keiner mehr, du darfst dich jetzt in den Urlaub verabschieden.«
- »Kannst du mal aufhören mit dem Gelaber?! Das interessiert hier keinen mehr.«
- »Hey, du Miesepeter. Jetzt ist einfach mal Klappehalten angesagt.«
- »Kannst du deinen Müll bitte woanders verzapfen!«
- »Falls du es noch nicht bemerkt hast, ich bin hier der Boss und ich sage ab jetzt, wo es langgeht.«

Zweifel an dem, was wir hier tun?

Bevor du weiterspringst zum nächsten Kapitel, bitte ich dich darum, dass du jetzt kurz einmal in dich hineinspürst. Wie geht es dir mit deiner Selbstwert-Arbeit gerade? Tut sich da vielleicht ein Zweifel auf, ob das alles nicht zu viel des Guten ist? So nach dem Motto: »Puh, jetzt habe ich schon gelernt, meinen Fokus mehr auf meine Stärken zu legen, die innere Kritik nicht ernst zu nehmen, meinen negativen Glaubenssätzen nicht mehr blind zu vertrauen. Und nun soll auch noch eine liebevolle Mentorin kommen. Ist das nicht zu viel? Läuft man dabei nicht Gefahr, irgendwann zu einem sich selbst überschätzenden und arroganten Egoisten zu werden?«

Diesen Zweifel hegen sehr viele Menschen. Gerade jene, die durch einen Selbstwert-Mangel bisher mit sehr viel Bescheidenheit durchs Leben gegangen sind.

Meine Antwort auf derartige Zweifel ist relativ kurz und klar: Nein, du wirst dadurch nicht zum sich selbst überschätzenden Egoisten. Mir ist klar, dass dir das vielleicht so erscheint, aber das liegt einfach daran, dass du dich dein halbes Leben lang unterschätzt und in den Schatten gestellt hast. Da ist es wenig verwunderlich, dass dir all dieses Licht und diese Liebe anfänglich befremdlich vorkommen.

Glaub mir, der Anteil von Menschen, die ein derart überhöhtes Selbstwertgefühl haben, dass sie ihre Realität nur noch durch eine rosarote Brille wahrnehmen und Kritik nicht mehr an sich heranlassen, ist sehr gering. Gerade bei Frauen geht der prozentuale Anteil in Richtung null. Während selbstbewusste Männer hier und da dazu tendieren, sich zu überschätzen, ist es bei selbstbewussten Frauen dennoch so, dass sie ihre Leistung durchschnittlich zu 30 Prozent unterschätzen. Sei also gewiss, dass du auf dem richtigen Weg bist und all die Anerkennung, die du dir mit den Aufgaben in diesem Buch zukommen lässt, auch verdienst.

Ich hoffe, damit sind alle Befürchtungen ausgeräumt und wir können nun die liebevolle Mentorin auf die Bühne bitten, die ich übrigens nicht erst ins Männliche gendern werde, weil ohnehin 90 Prozent meiner Leserschaft weiblich ist und die Männer, die dieses Buch lesen, emotional so intelligent sind, dass sie sich daran nicht stören, wenn das Gendern in ihre Richtung einmal ausgelassen wird.

DIE LIEBEVOLLE MENTORIN IN DIR ERWECKEN

Im Startkapitel dieses Buches sind wir bereits kurz darauf eingegangen, dass ein geringer Selbstwert in der Kindheit entstehen kann. Ein Aspekt, der unser Gefühl für unseren eigenen Wert bereits in der Kindheit schwächen konnte, ist, wenn wir uns zu wenig gesehen und geachtet fühlen. Wenn wir auf die Dinge, die wir sagten oder taten, keine angemessene oder eben gar keine Reaktion bekamen. Hierzu möchte ich dir mal zwei Beispiele geben:

Franziska ist vier Jahre alt, als sie nach dem Kindergarten mit zu ihrer Freundin Rike nach Hause darf. Rike ist ein Jahr älter und kann bereits Fahrrad fahren. Geduldig zeigt sie ihrer kleinen Freundin Franzi, wie es gelingen kann, ein paar Meter zu rollen, ohne dabei umzufallen. Und tatsächlich, Franziska ist überaus geschickt und beherrscht das Fahrradfahren schon nach ein paar wenigen Versuchen. Als Franzi von ihrer Mutter abgeholt wird, läuft sie ihr entgegen und erzählt ihr überschwänglich von ihrem Erfolgserlebnis. Diese aber sagt nur sichtlich gestresst: »Ja, toll, aber jetzt lass uns bitte schnell fahren.« Franzi bemerkt, dass das Großartige ihrer Nachricht noch nicht bei ihrer Mama angekommen ist, und schnappt sich Rikes Fahrrad, um ihr zu zeigen, was sie gelernt hat. Nun wird Franzis Mutter wütend. Sie zerrt die Kleine ziemlich unsanft vom Rad und schimpft mit ihr.

Vielleicht hatte Franzis Mutter nur einen schlechten Tag. Aber wenn so etwas öfter passiert und Franzi immer dann, wenn sie begeistert etwas Neues vorführt, ignoriert oder gar ausgeschimpft wird, wird sich das negativ auf ihr Selbstwertgefühl auswirken.

Ähnlich ist das bei Mark. Er ist sechs Jahre alt und schafft seine Mathehausaufgaben nicht selbstständig. Als er beginnt zu weinen, reagiert sein Vater, der mit ihm im selben Raum sitzt, gar nicht darauf. Weder bietet er ihm Unterstützung noch seinen Trost an. Auch hier ist die Reaktion des Vaters nicht angemessen. Natürlich sind auch Eltern nur Menschen, weswegen ich hier niemanden verurteilen möchte. Dennoch führen wiederholte unangemessene Reaktionen der Eltern und anderer wichtiger Bezugspersonen sehr oft zu folgenden oder ähnlichen Glaubenssätzen bei den Kindern:

- »Mit mir stimmt etwas nicht.«
- »Keiner interessiert sich für mich.«
- »Ich bin nicht wichtig und wertvoll für Mama und Papa.«
- »Ich mache immer alles falsch.«

Unser Selbstwert ist erschüttert. Außerdem fördern die negativen Glaubenssätze auch die Redseligkeit des inneren Kritikers, der ja, wie wir im letzten Kapitel gemerkt haben, sehr oft ebenso unangemessen reagiert. Also ähnlich, wie es vielleicht früher die Eltern oder Lehrer getan haben. So ist es dann wenig verwunderlich, dass sich die innere liebevolle Mentorin, die eben auch jede und jeder von uns in seinem Kopf behaust hat, immer seltener auf die Bühne wagt. Manchmal sogar so selten, dass wir meinen, sie hätte uns verlassen. Aber keine Sorge, dem ist nicht so.

Wahrscheinlich nimmst du die unangemessenen Reaktionen deiner Kindheit noch heute hin – ob du sie dir selbst sagst (siehe innerer Kritiker) oder von anderen sagen lässt. Doch in dir lebt auch eine liebevolle Mentorin und mit ihrer Hilfe kannst du diese miesen Reaktionen durch angemessene und liebevolle Reaktionen ersetzen.

MITBEWOHNER KANNST DU WÄHLEN

Bevor wir mit der Praxis loslegen, möchte ich dir noch ein Bild mitgeben, dass dir immer wieder dabei helfen kann, dich zu erinnern, warum die liebevolle Mentorin ein wesentlich besserer Mitbewohner ist als dein innerer Kritiker. Stell dir hierfür vor, du lebst in einer WG. Du hast zwei WG-Partner. Der eine tut immer sehr selbstbewusst und nimmt sich einiges heraus. Zum Beispiel klaut er sich deine Joghurts und Müsliriegel und verschlingt sie schneller, als du etwas darauf erwidern kannst. Wenn du ihn verärgert zur Rede stellst, sagt er: »Na, sei doch froh, so nimmst du wenigstens ein paar Kilo ab, hast es ja eh bitter nötig.«

Er hackt außerdem auf deiner Art, den Haushalt zu machen, auf deiner Frisur und darauf, dass du sonntags immer lange schläfst, herum. Wenn du einmal richtig erschöpft und frustriert von der Arbeit nach Hause kommst, sagt er, du solltest dich bitte mal zusammenreißen und überhaupt froh sein, dass du einen Job hast. »Ich selbst würde dich niemals in meiner Firma einstellen«, sagt er ungeniert und hat dabei nicht selten ein fieses Grinsen im Gesicht.

Dein zweiter WG-Partner ist ganz anderer Natur. Er fragt dich, bevor er in den Supermarkt geht, ob du auch etwas brauchst, verhält sich leise, wenn er weiß, dass du noch schläfst, und hat immer, wenn du einmal nicht so gut drauf bist, ein paar tröstende und bestärkende Worte für dich übrig. Wenn du vor dem Spiegel stehst und dich wie so oft fragst, ob du für diesen Rock oder diese Jeans nicht zu kräftige Oberschenkel hast, sagt er dir: »Ich mag deine Figur – du siehst superweiblich und sexy in diesem Teil aus.«

Wenn du völlig genervt und ausgelaugt von der Arbeit nach Hause kommst, nimmt er dich erst mal in den Arm und flüstert dir liebevoll ins Ohr: »Hey, ich weiß, du hast es nicht immer leicht im Job. Aber bitte glaub mir, du machst deine Sache wirklich gut.«

Wenn du einen Mitbewohner wählen müsstest: welchen?

Wen würdest du wählen, wenn du nur einen Mitbewohner behalten könntest? Ich vermute, du hast dich für Nummer zwei entschieden. Denn genau das ist die richtige Entscheidung. Hinter dem liebevollen und wertschätzenden Mitbewohner steckt deine liebevolle Mentorin. Wenn du ihr einen fixen Platz in deiner Gedankenwelt gibst, wird der innere Kritiker immer seltener und irgendwann gar nicht mehr zu Besuch kommen.

Natürlich ist es Übungssache, immer wieder der Mentorin den Vorzug im eigenen Denken zu geben. Du darfst nicht erwarten, dass der Kritiker nach einem Versuch bereits aufgibt. Aber ich verspreche dir, deine Bemühungen rund um die liebevolle Mentorin werden sich schon bald lohnen.

Den ersten Schritt in Bezug auf dieses Vorhaben hast du bereits kennengelernt. Du lädst den inneren Kritiker mit einem Stopp-Satz einfach aus. Dieser Satz holt dich ins Bewusstsein. Denn wenn wir uns darauf konzentrieren, können wir jederzeit selbstbestimmt an das denken, an das wir auch denken wollen. Im Alltag ist es leider so, dass fast 90 Prozent unserer Gedanken unbewusst, also ohne Absicht, passieren. Aber wenn wir eine Entscheidung treffen, dann können wir diese Unbewusstheit unterbrechen. Wenn ich jetzt zum Beispiel sage: »Denk mal an einen Liegestuhl, einen Cocktail und eine Palme«, dann gelingt dir das schon, während du diese Worte liest. Deshalb ist Bewusstsein deine stärkste Waffe. Und das Tolle ist: Je öfter du bewusst bestärkende und liebevolle Gedanken denkst, umso eher gelangen diese in dein Unterbewusstsein. Und plötzlich denkst du dann ganz automatisch nicht mehr so, wie der innere Kritiker es haben will, sondern so, wie es dir die liebevolle Mentorin rät.

EURE WUNDERVOLLE ZUSAMMENARBEIT

Nun lass uns aber zur Praxis kommen. Mal dir dafür doch zuerst ein Bild von deiner liebevollen inneren Mentorin vor deinem inneren Auge aus. Wenn du gern zeichnest, kannst du ihr Aussehen selbstverständlich auch physisch zu Papier bringen. Überlege dir, wie sie aussieht. Vielleicht hat sie eine menschliche Gestalt und trägt eine Herzchensonnenbrille, oder aber sie ist ein imaginäres Wesen. Du darfst sie so gestalten, wie es dir beliebt. Wichtig ist, dass sie dir selbstbewusst, erfahren, aber auch liebevoll und sympathisch erscheint. Du solltest zu ihr Vertrauen fassen können.

Ich finde es außerdem sehr hilfreich, ihr einen Namen zu geben. Meine liebevolle Mentorin heißt »Melanie die Große«. Mein Partner meint, das klingt ziemlich überheblich, aber nachdem ich im Normalfall niemandem davon erzähle und dieser Name vor meinem inneren Auge sofort eine unverwundbare, starke Frau entstehen lässt, passt er für mich ideal. Deine Mentorin kann aber auch deinen Lieblingsnamen, den eines Superstars oder eines Vorbilds tragen. Der Name ist deshalb wichtig, weil du nach der Mentorin rufen solltest, sobald du bemerkst, dass der innere Kritiker wieder versucht, dich fertigzumachen. So klappt es:

- Dein innerer Kritiker versucht, dich wieder zu attackieren, weil dir heute bei der Arbeit ein Fehler unterlaufen ist. Er sagt zum Beispiel: »War ja klar, dass dir das wieder passiert. Du bist wirklich für alles zu dumm. Nicht mal diese einfache Aufgabe bekommst du hin.«

- Zack! Weil du dieses Buch gelesen hast, bemerkst du in diesem Moment, dass du dich beziehungsweise der innere Kritiker dich gerade beschimpft. Vielleicht wird dir sogar klar, welche Strategie er anwendet. In unserem Beispielfall wäre es: mit zweierlei Maß messen. Bei einer Kollegin käme dir dieser Fehler nämlich gar nicht so schlimm vor. Du kommst also in deinen Gedanken vom unbewussten Automatischen ins Bewusste.
- Im dritten Schritt bremst du den inneren Kritiker mit einem deiner ausgewählten Stopp-Sätze aus. Zum Beispiel sagst du: »Jetzt ist aber mal genug! Geh in dein Zimmer und verhalte dich ruhig.«
- Und im vierten Schritt holst du die liebevolle Mentorin an deine Seite, indem du laut oder in Gedanken ihren Namen rufst. Sie ist der Anteil in dir, der zu einer angemessenen und liebevollen Reaktion neigt. Anders, als du es bisher in deinem Leben, also zum Beispiel in deiner Kindheit und später durch dich selbst und andere, gewohnt warst.

ABER WAS SAGT DIE LIEBEVOLLE MENTORIN?

Das ist natürlich situationsbedingt. Im obigen Fall kann sie zum Beispiel sagen: »Nur wer nichts macht, macht keine Fehler, meine Liebe. Sei dir bitte bewusst, dass jeder Fehler ein Beweis dafür ist, dass du etwas leistest. Und jetzt lass uns mal realistisch sein. So ein kleiner Fehler ist jedem schon mal passiert. Andere kränken sich deshalb nicht. Wie wäre es denn, wenn du heute lieber mal darauf achtest, was du schon alles geschafft und richtig gemacht hast?«

Na, wie fühlen sich die Sätze der liebevollen Mentorin an? Ich vermute, sie tun dir genauso gut wie mir. Vielleicht fragst du dich nun, wie du zu solchen Worten für dich selbst finden sollst. Auch das ist Übungssache. Aber da du ein von Grund auf liebevoller Mensch bist, stecken all diese und noch viele weitere Sätze in dir. Was mir dabei hilft, die richtigen Worte der Mentorin zu finden, ist, mir vorzustellen, sie sei ein erfolgreicher und besonders empathischer mentaler Mentor oder eben mein persönlicher Lebenscoach. Ich versetze mich also in die Mentorin hinein und versuche, aus ihrer Perspektive motivierende, stärkende und liebevolle Worte zu finden. Wenn dir diese Vorstellung nicht ganz zusagt, kannst du die liebevolle Mentorin auch in deine beste Freundin, deine Lieblingstante oder einen Lehrer, der dich in Schulzeiten oft gelobt hat, verwandeln.

Schreib dir die vier beschriebenen Schritte am besten auf ein Post-it und gib es in deine Geldbörse. So merkst du sie dir besser und hast sie im Akutfall zur Hand.

Die besten Sätze deiner Mentorin

Wenn ein Notfall eintritt, ist es leider oft so, dass wir in Schockstarre fallen und nicht besonders kreativ sind. Aber auch für diesen Fall sorgen wir vor. Hier ist eine kleine Sammlung an liebevollen Sätzen für unterschiedliche Situationen. Ergänze sie gern noch um deine eigenen Ideen und notiere dir dann deine Top-Sieben-Sätze der liebevollen Mentorin auf der Rückseite des Papiers mit den vier eben beschriebenen Schritten.

MUTMACH-SÄTZE

- »Mir fällt gerade auf, dass du dich wieder unterschätzt.«
- »Du kannst so viel mehr, als du denkst, und im Grunde deines Herzens weißt du das.«
- »Du bist genauso groß wie andere auch.«
- »Ich weiß genau, was in dir steckt – da ist so viel Liebe, Kraft und Talent.«
- »Ich spüre deine wahre Größe, fühl auch du sie.«
- »Ich glaub an dich, mein Schatz – tu du das auch.«
- »Gemeinsam schaffen wir das.«
- »Erinnere dich bitte an all das, was du in deinem Leben schon geschafft hast.«
- »Du schaffst auch das.«
- »Du kannst wirklich stolz auf dich sein.«

- »Auch wenn es manchmal schwer ist, machst du deine Sache wirklich gut.«
- »Es gibt so viele Beweise dafür, dass du gut genug bist.«

NACH EINEM FEHLER ODER WENN DIR ETWAS MISSLINGT

- »Jeder macht mal Fehler.«
- »Dieser kleine Fehler macht dich um keinen Millimeter weniger liebenswert.«
- »Es ist okay, Fehler zu machen – du machst ja auch so viel richtig.«
- »Du musst nicht perfekt sein, um wertvoll für deine Mitmenschen zu sein.«

- »Denk immer daran: Edison hat tausendmal versagt, bevor er die Glühbirne zum Leuchten brachte.«
- »Du bist und bleibst wertvoll, daran ändert auch dieser Fehler nichts.«
- »Jeder Fehler, jeder Rückschlag ist bloß ein Zeichen dafür, dass du aktiv lebst. Darauf darfst du stolz sein.«

BEI ANGST

- »Auch wenn es gerade schwer ist, möchte ich, dass du weißt, dass du größer als deine Angst bist.«
- »Ich bin bei dir.«
- »Ich spüre deine Stärke. Mit dieser Stärke gehen wir jetzt gemeinsam durch deine Angst.«
- »Es ist okay, Angst zu haben. Jeder hat mal Angst.«
- »Spüre meine Liebe und mein Vertrauen in dich, dann wird die Angst ganz schnell kleiner.«
- »Du bist viel mutiger, als du denkst.«
- »Ich habe schon einmal gesehen, wie du diese Angst besiegst. Es wird dir auch jetzt gelingen.«

SELBSTWERT-ABENTEUER

Feedback von deiner Mentorin

Besonders dann, wenn die liebevolle Mentorin in deiner Vorstellung tatsächlich eine Art Coach ist, der dir dabei hilft, aus dir das Beste herauszuholen und deinen Selbstwert zu stärken, gelingt diese Übung richtig gut. Sie zählt zu meinen absoluten Lieblingsmethoden, deshalb würde es mich besonders freuen, wenn du sie aktiv ausprobierst. Die meisten Menschen sind sehr überrascht, wie schnell diese freudvolle Methode eine Veränderung bewirkt.

Nimm dir ein- bis zweimal pro Woche Zeit, um dir selbst aus Sicht der liebevollen Mentorin Feedback zu geben. Das bedeutet: Du setzt dich in Ruhe hin und reflektierst, was sich in den letzten Tagen bei dir getan hat und wie es dir dabei ergangen ist. Aus Sicht der Mentorin schreibst du dir dann eine Feedback-Mail dazu. Damit du dir das besser vorstellen kannst, ist hier eine meiner vielen Mails, wie ich sie mir regelmäßig im Auftrag der liebevollen Mentorin geschrieben habe. Ich habe mir dafür übrigens eine eigene E-Mail-Adresse angelegt, von der aus ich mir tatsächlich selbst Mails schicke. Ich rufe sie immer erst am nächsten Tag ab. Das führt dazu, dass ich mir noch besser vorstellen kann, dass meine liebevolle Mentorin ein externer erfolgreicher Coach

ist, wodurch sich automatisch die Wirkung ihrer Aussagen verstärkt. Außerdem starte ich durch das Lesen der E-Mail sehr motiviert und freudvoll in den Tag. Du brauchst für diesen Effekt selbstverständlich keine eigene E-Mail-Adresse für deine Mentorin anlegen. Du kannst dir einfach von deiner eigenen Adresse selbst ein Mail schicken. Das funktioniert auch wunderbar.
Beispiel-E-Mail der liebevollen Mentorin:

»LIEBE MELANIE!

Ja, es stimmt, ich habe auch bemerkt, dass du letzte Woche ganz schön oft herumgetrödelt hast. Du hast weniger erledigt und weniger Content produziert als in anderen Wochen. Aber weißt du was? Ich finde das richtig gut. Das gehört auch dazu. Jeder kreative Mensch braucht mal Pausen. Es gibt keine Künstler, die durcharbeiten. Und hey, du bist selbst Mentaltrainerin, du weißt, wie wichtig es ist, auch mal nichts zu tun. Von mir hast du also die Erlaubnis, das jetzt öfter einmal zu machen. Du wirst feststellen, dass die Welt nicht untergeht, wenn du nicht ständig 180 Prozent gibst.
Ich finde es übrigens auch super, dass du letzte Woche jeden Tag mindestens eine halbe Stunde spazieren warst. Das zeugt davon, dass dir deine Gesundheit und dein Körper wichtig sind. Ja, ich weiß, du denkst immer, du solltest stattdessen lieber richtigen Sport machen, um die schlaffen Körperstellen in Muskeln zu verwandeln. Aber ich möchte, dass du dich jetzt auch einmal dafür wertschätzt, dass du täglich die Disziplin aufbringst, dich zu bewegen. Ganz ehrlich, das schafft

nicht jeder! Hör einfach auf, dich mit der topfitten Nachbarin zu vergleichen, und schau lieber mal auf andere, die ihre ganze Freizeit auf der Couch verbringen. Im Gegensatz zu denen bist du schon ganz schön fit.
Und zum Schluss will ich dir auch noch mitteilen, dass der Streit mit deinem Partner zwar nicht schön war und du durchaus etwas ruhiger hättest reagieren können, anstatt ihn gleich für dieses und jenes die Schuld zu geben. Aber ich muss dir auch zugutehalten, dass du dich danach reflektiert und entschuldigt hast. Das spricht wirklich für dich, meine Liebe.

Herzlich,
deine liebevolle Mentorin,
»Melanie die Große«

Pack alles Liebevolle und Schöne, was dir einfällt, in diese Mails.

DEN INNEREN SKLAVENTREIBER STOPPEN

Es gibt nichts, nach dem wir uns mehr sehnen. Es gibt nichts, das heilsamer ist. Es gibt nichts, das uns glücklicher macht. Ich spreche von der Liebe. Liebe ist viel mehr als ein Gefühl oder eine Qualität in Beziehungen. Liebe ist ein menschliches Grundbedürfnis. Menschen, die oft einsam sind und zu wenig Liebe erfahren, sterben neuesten wissenschaftlichen Erkenntnissen zufolge früher. Einsamkeit soll demnach genauso gesundheitsschädigend sein wie beispielsweise Alkohol oder Zigaretten. Wir Menschen brauchen Liebe genauso wie die Luft zum Atmen. Für unsere Gesundheit, für unsere Entwicklung und vor allem für unser psychisches Wohlbefinden.

Und weil Liebe so elementar für uns ist, beginnen wir bereits in der frühen Kindheit, uns Taktiken zurechtzulegen, wie wir genug von dieser überlebenswichtigen Qualität bekommen. Ganz am Anfang unseres Lebens machen wir uns darüber noch wenig Gedanken, denn die Liebe unserer Eltern ist uns als Baby gegenüber fast immer bedingungslos und in großen Mengen vorhanden. Wir liegen in unserer Wiege, schreien, essen, schlafen, furzen und brauchen sonst nichts weiter für die lebensnotwendige Liebe unserer Eltern tun. Zu diesem Zeitpunkt haben wir gerade mal 25 Prozent unserer späteren Prägungen. Mit denen kommen wir nämlich schon auf die Welt.

Nun werden wir aber älter, lernen, entwickeln uns, können plötzlich sprechen, laufen und Mamas und Papas Worte verstehen. Unsere Eltern sind für uns auch noch in diesem Stadium der Mittelpunkt unserer Welt. Andere Menschen gibt es zwar, aber sie beeinflussen uns kaum, es sei denn, sie verbringen äußerst viel Zeit mit uns. Und plötzlich ändert sich das Verhalten unserer Eltern. Sie knüpfen ihre heilsame Liebe scheinbar immer öfter an Bedingungen.

- »Wenn du dein Zimmer aufräumst, bist du ein braver Junge.«
- »Hör auf zu weinen, dann hat Papa dich wieder lieb.«
- »Wenn du gute Noten in der Schule hast, fahren wir gemeinsam ins Legoland.«
- »Sei ein liebes Mädchen und hilf Mama in der Küche.«
- »Beeil dich doch endlich mal oder willst du, dass ich wieder wütend werde?!«
- »Ich erwarte von dir, dass du mich ansiehst, wenn ich mit dir spreche, und dass du mir nicht widersprichst.«
- »Zieh das Kleidchen mit den rosa Blümchen an, so gefällst du Mama viel besser.«

Das sind nur ein paar Sätze, die Eltern vielleicht, meist ohne böse Absicht, heute noch zu ihren Kindern sagen. Eine mögliche Folge ist, dass das Kind glaubt, sich auf eine bestimmte Weise verhalten zu müssen, um weiterhin ausreichend Liebe zu bekommen. Hier gilt es zu verstehen, dass natürlich auch Aufmerksamkeit, Fürsorge, Lob sowie Anerkennung als Elemente der Liebe zu verstehen sind. Wird dem Kind, wenn es den Erwartungen der Eltern nicht entspricht, nur noch wenig Wertschätzung entgegengebracht, wird es beschimpft, bestraft, wird ihm die Aufmerksamkeit entzogen oder wird es gar geschlagen, so lernt das Kind sehr schnell daraus und passt sein Verhalten den Wünschen der Eltern an. Und so lernen wir bereits sehr früh, was wir tun müssen, was nicht und wie wir sein müssen, um die größtmögliche Dosis an Liebe in Form von Anerkennung, Aufmerksamkeit und Lob von unseren Eltern und später anderen wichtigen Liebesspendern zu bekommen. Damit werden unsere Überlebensstrategien, die viele von uns ein Leben lang unbewusst anwenden, geboren. Dies alles geschieht meist im Alter von zwei bis acht Jahren. In dieser Zeit manifestieren sich die restlichen 75 Prozent unserer Prägungen und Glaubenssätze.

TYPISCHE ANTREIBER-SPRÜCHE

Weil das alles unbewusst geschieht, kämpfen wir im Erwachsenenleben noch immer mit denselben Waffen wie bereits als Kind um Liebe. Nicht jede dieser Waffen ist schädlich. Genauso, wie nicht jede an Bedingungen geknüpfte Belohnung bei Kindern negativer Natur sein muss. Um das zu durchblicken und herauszufinden, mit welchem Glaubensmuster und welcher Verhaltensweise du wahrscheinlich auch heute noch um Liebe kämpfst, stelle ich dir fünf sehr typische Kandidaten vor. Diese nennen sich in der Psychologie auch »die fünf inneren Antreiber« – nach einem Modell von Taibi Kahler.

Fünf typische Forderungen des Antreibers

- »**Sei stark!**« Dieser Glaubenssatz vermittelt uns, dass wir alles allein schaffen müssen, dass wir niemals um Hilfe bitten, Gefühle zeigen oder gar aufgeben dürfen.
- »**Sei perfekt!**« Diese innere Überzeugung treibt uns dazu an, immer alles möglichst perfekt machen zu wollen. Wir kontrollieren uns selbst, verdammen uns für Fehler und werden aufgrund des Perfektionswahns mit vielen Dingen einfach niemals fertig.
- »**Mach es allen recht!**« Dieser Glaubenssatz führt dazu, dass wir immer lieb und angepasst sind und nach Harmonie streben. Um ihm gerecht zu werden, erfüllen wir die Wünsche und Erwartungen anderer und stellen unsere eigenen Bedürfnisse oft hintenan.
- »**Streng dich an!**« Diese Forderung des inneren Antreibers führt dazu, dass wir ständig 180 Prozent geben und uns selten Pausen gönnen oder uns einfach mal entspannen. Die Worst-Case-Folge ist ein Burn-out.
- »**Mach schnell!**« Dieser Glaubenssatz lässt natürlich auch weder Pausen noch kreative Prozesse oder Spaß bei unseren Aufgaben zu. Er kann ebenso dazu führen, dass wir ausbrennen.

Vielleicht ist dir während des Lesens schon ein Licht aufgegangen und du hast festgestellt, mit welcher dieser typischen Forderungen an dich selbst du versuchst, dir die Liebe, Anerkennung, Aufmerksamkeit und Fürsorge deiner Mitmenschen zu sichern. Sie alle repräsentieren bestimmte Typen von inneren Antreibern. Und manchmal ist es auch so, dass man sich von mehreren angesprochen fühlt. In diesem Fall denken dann viele: »Ich muss sie alle schnellstens loswerden!« Aber obwohl die inneren Antreiber auf den ersten Blick wie ungemütliche Gefährten anmuten, haben sie ihre Daseinsberechtigung. Denn jeder von ihnen hat grundsätzlich Gutes im Sinn.

Zum Beispiel: Der »Sei perfekt!«-Antreiber hilft uns dabei, nicht immer nur schnell-schnell zu machen, sondern uns auch mal der Detailliebe hinzugeben. Der »Mach schnell!«-Antreiber ist der Gegenpol und hilft uns dabei, uns nicht zu verzetteln und Dinge zu vollenden, auch wenn sie nicht perfekt sind. Der »Sei stark!«-Glaubenssatz unterstützt uns dabei, dass wir nicht vorschnell aufgeben und dadurch erfolglos bleiben. Und so weiter. So hat jeder Antreiber auch etwas Positives. Aber nur dann, wenn man ihn nicht zu sehr düngt und er nicht über eine bestimmte Größe hinauswächst. Es ist in etwa so wie mit einem guten Wein. Ein, zwei oder drei Achterl davon heben unsere Stimmung, machen uns entspannter und lassen uns vielleicht sogar besser schlafen, aber ein, zwei oder drei Liter davon sind nicht nur ungesund, sondern richtig gefährlich.

ERKENNTNIS-ABENTEUER

Persönlichkeitstest

Wenn einer der fünf Antreiber-Sätze bei dir sehr ausgeprägt ist, handelt es sich dabei nicht mehr um einen gesunden inneren Antreiber, sondern um einen inneren Sklaventreiber. Durch ihn fühlt sich das ständige Bemühen um Liebe dann wirklich an wie ein permanenter Kampf. Deshalb ist es wichtig herauszufinden, welcher der Antreiber in dir seine Grenzen überschritten hat und zum Sklaventreiber wurde. Dazu gibt es jetzt ein Erkenntnis-Abenteuer.
Hier erfährst du, welcher innere Sklaventreiber dich dominiert. Vergib ein bis fünf Punkte für die folgenden Aussagen. Ein Punkt heißt: gar nicht zutreffend und fünf Punkte: trifft absolut auf mich zu.

TEIL A

- Ich gebe fast immer 200 Prozent. ____
- Mein Durchhaltevermögen ist sehr stark. ____
- Es fällt mir sehr schwer, einfach einmal nichts zu tun. ____
- Ich bin ein grundlegend fleißiger Mensch. ____
- Wenn ich nichts leiste, fühle ich mich nicht besonders wohl in meiner Haut. ____

Gesamtzahl der Punkte: ______________

TEIL B

- Wenn ich eine Aufgabe erledige, komme ich schwer zu einem Ende, weil ich ständig Verbesserungspotenzial finde. ____
- Freunde und Kollegen würden mich als sehr genau bezeichnen. ____
- Ich versuche immer, die Erwartungen anderer zu übertreffen. ____
- Ich halte meine Leistungen oft nicht für gut genug. ____
- Um mich sicher zu fühlen, kontrolliere ich mich selbst und andere. ____

Gesamtzahl der Punkte: ______________

TEIL C

- Ich versuche immer, mit allen zurechtzukommen. ____
- Es ist mir wichtig, dass es anderen Menschen gut geht. ____
- Ich ertrage es nur sehr schwer, wenn jemand schlecht von mir denkt. ____

- Ich bin ein sehr harmoniebedürftiger Mensch. ____
- Es fällt mir schwer, Nein zu sagen. ____

Gesamtzahl der Punkte: ______________

TEIL D

- Ich komme sehr schnell vom Denken ins Handeln. ____
- Menschen, die sich langsam bewegen oder langsam arbeiten, gehen mir auf die Nerven. ____
- Ich versuche oft, mehrere Dinge gleichzeitig zu machen. ____
- Ich erledige Arbeiten und Aufträge schneller als andere. ____
- Ich habe nicht besonders viel Geduld. ____

Gesamtzahl der Punkte: ______________

TEIL E

- Ich frage selten jemanden um Hilfe und löse meine Probleme lieber allein. ____
- Meine Verletzlichkeit lasse ich mir kaum anmerken. ____
- Ich halte andere Menschen eher auf Abstand. ____
- Über mein Gefühlsleben spreche ich nicht. ____
- Ich würde meine Schwächen niemals zeigen. ____

Gesamtzahl der Punkte: ______________

AUFLÖSUNG

	A »Streng dich an!«	B »Sei perfekt!«	C »Mach es allen recht!«	D »Mach schnell!«	E »Sei stark!«
Natürlicher Ansporner	0 bis 11 Punkte	0 bis 11 Punkte	0 bis 11 Punkte	0 bis 11 Punkte	0 bis 11 Punkte
Antreiber, den du im Auge behalten solltest	12 bis 18 Punkte	12 bis 18 Punkte	12 bis 18 Punkte	12 bis 18 Punkte	12 bis 18 Punkte
Ungesunder Sklaventreiber	19 bis 25 Punkte	19 bis 25 Punkte	19 bis 25 Punkte	19 bis 25 Punkte	19 bis 25 Punkte

DU KANNST DEN SKLAVENTREIBER IN DIE SCHRANKEN WEISEN

Hat dich der Test auf einen oder gar mehrere innere Sklaventreiber aufmerksam gemacht? Dann ergeht es dir so wie den meisten von uns. Zum einen musst du wissen, dass das nur eine Momentaufnahme mit ein paar wenigen Fragen ist, und zum anderen ist es nur allzu normal, dass aus Antreibern oft Sklaventreiber werden. Außerdem hast du durch diese Erkenntnis jetzt die Möglichkeit, dich ins nächste Selbstwert-Abenteuer zu stürzen.

»Was fällt Ihnen eigentlich ein, dass Sie hier einfach in unsere Mentoring-Sitzung reinplatzen?! Verlassen Sie gefälligst sofort den Raum und machen Sie das nie wieder!«, brüllt meine liebevolle Mentorin, als mein innerer Sklaventreiber, der in meinem Fall »Streng dich an« heißt, wieder einmal mein ganzes Leben dominieren will. In dieser Situation bin ich ziemlich froh, dass ich mir seit einiger Zeit meine eigene, liebevolle innere Mentorin leiste. ☺

Ja, ich hole mir im Umgang mit meinem inneren Sklaventreiber gern »Melanie die Große« zu Hilfe. Sie ist einfach taff, beschützt mich und baut mich gleichzeitig so auf, dass ich bei der nächsten Begegnung mit dem Sklaventreiber meist genau weiß, was ich zu sagen habe. Ob du dir nun auch deine innere Mentorin, deinen »inneren großen Bruder« oder einfach »die innere Befürworterin« zur Unterstützung holst, ist ganz dir überlassen. Im Prinzip zeigen sie dir nämlich einfach, mit welchen Zauberformeln du dem inneren Sklaventreiber das Handwerk legen kannst.

Begegne dem wild gewordenen Antreiber mit Affirmationen.

SELBSTWERT-ABENTEUER

Den Sklaventreiber in die Schranken weisen

Du findest hier einige Inspirationen für Affirmationen, die innere Antreiber bremsen können. Wichtig beim Anwenden ist die Regelmäßigkeit und die bildliche Vorstellung. Wähle also eine Affirmation für dich aus, sag sie dir dann am besten vier Wochen lang morgens nach dem Aufwachen oder abends vor dem Einschlafen immer wieder vor und lass währenddessen ein schönes, bestärkendes inneres Bild entstehen. Bilder dringen bis zu 60 000 Mal schneller in unser Unterbewusstsein vor als das gesprochene oder gelesene Wort – und das wiederum ist wesentlich, damit es zukünftig immer seltener dazu kommt, dass du dich von einem inneren Sklaventreiber zu Dingen oder Verhaltensweisen hinreißen lässt, die gar nicht gut für dich sind und dein Selbstwertgefühl schwächen.

»SEI STARK!«

- Ich darf meine Gefühle zeigen.
- Ich darf meine Bedürfnisse äußern.
- Ich darf um Hilfe bitten.
- Ich darf vertrauen.

»SEI PERFEKT!«

- Ich darf Fehler machen. Auch Diamanten haben Kanten.
- Ich muss nicht perfekt sein, um geliebt zu werden.
- Ich bin gut genug so, wie ich bin.
- Ich gebe mein Bestes und mein Bestes ist immer gut genug.

»MACH ES ALLEN RECHT!«

- Ich bin der wichtigste Mensch in meinem Leben.
- Meine Bedürfnisse sind wichtig.
- Ich darf Nein sagen.

»STRENG DICH AN!«

- Ich darf lockerlassen.
- Es darf auch leicht gehen.
- Ich darf entspannen.

»MACH SCHNELL!«

- Ganz entspannt mache ich einen Schritt nach dem anderen.
- Ich darf mir Zeit nehmen.
- Ich habe liebevolle Geduld mit mir.
- Ich darf Pausen machen und mir Auszeiten gönnen.

EXKURS IN DIE WELT DER AFFIRMATIONEN

Im letzten Selbstwert-Abenteuer und im Kapitel mit den Sätzen an dein inneres Kind hast du Bekanntschaft mit der Kraft der Affirmationen gemacht. Affirmationen sind nichts anderes als positive Glaubenssätze, die wir verwenden können, um negative Überzeugungen, die unserem Lebensglück nicht förderlich sind, aus unserem Unterbewusstsein zu vertreiben. Obwohl viele Menschen schon so einiges über Affirmationen wissen und diese auch nutzen, bekomme ich dennoch immer wieder mal Nachrichten von Lesern und Podcasthörerinnen, bei denen sich trotz fleißigem Affirmieren kein Erfolg einstellt. Daher möchte ich an dieser Stelle die wichtigsten Regeln für die wirksame Anwendung von Affirmationen mit dir teilen.

DIE SIEBEN WICHTIGSTEN REGELN FÜR AFFIRMATIONEN

1. Wenn du selbst eine Affirmation kreierst, bedenke immer, dass sie klar, einfach und in der Gegenwart formuliert sein muss. Unser Unterbewusstsein ist wie ein kleiner Welpe. Es reagiert auf einfache Befehle. Zu viele und vor allem komplexe Wortkunstwerke versteht es einfach nicht.
2. Außerdem dürfen Affirmationen keine Verneinung wie »kein«, »nicht« oder »nie mehr« enthalten. Denn der kleine Welpe nimmt solche Zwischenworte nicht wahr und macht dann erst recht genau das, was du nicht willst.
3. Wenn du eine vorformulierte Affirmation anwendest, so wie du sie in diesem Buch findest, muss sie für dich stimmig sein. Sie darf nicht zu stark, aber auch nicht zu schwach sein. Zum Beispiel: Wenn du dich im Moment noch gar nicht als wertvoll empfinden kannst, ist die Affirmation »Ich bin ein Geschenk für diese Welt« für dich vermutlich noch nicht glaubwürdig. Du solltest daher eine schwächere Affirmation verwenden. Eine, an die du gerade noch glauben kannst. Zum Beispiel: »Mit jedem neuen Tag fühle ich mich ein bisschen wertvoller.«, »Ich bin bereits für viele Menschen wertvoll.« Oder: »Die innere liebevolle Mentorin hilft mir dabei, mich mehr und mehr wertvoll zu fühlen.«
4. Ein und dieselbe Affirmation solltest du mindestens 21 Tage hintereinander täglich anwenden. Weil jeder von uns aber hier und da unkonzentriert ist oder einfach

mal das Affirmieren vergisst, liegt ein realistischer Erfolgszeitraum eher bei vier bis sechs Wochen pro Affirmation.

5. Der beste Zeitpunkt, dir deine Affirmation vorzusagen, ist abends kurz vor dem Einschlafen oder morgens gleich nach dem Aufwachen. Zu diesen Zeitpunkten haben wir aufgrund des niedrigeren Bewusstseinszustandes den besten Draht zu unserem Unterbewusstsein, das in Zukunft ja die Heimat unserer Affirmation sein soll.
6. Wie im letzten Selbstwert-Abenteuer bereits erwähnt, verstärken Bilder die Wirkung der Affirmation. Am besten stellst du dir vor, wie du sein wirst, wenn du die Affirmation lebst, wenn sie sich also realisiert hat.
7. Durch die Kraft der Bilder entstehen häufig Gefühle. Sie sind ein weiterer Turbo für die Wirkung von Affirmationen.

»Ich bin ein Geschenk.« Klingt gut, oder?

VERSTÄRKE DIE WIRKUNG DEINER AFFIRMATIONEN

MITMENSCHEN ALS AFFIRMATIONSVERSTÄRKER

Bei einem Persönlichkeitsentwicklungs-Seminar vor einiger Zeit habe ich eine wundervolle Übung zur Verstärkung von Affirmationen kennengelernt, die ich leicht abgeändert seit Jahren erfolgreich praktiziere. Alles, was du dazu benötigst, ist eine vertraute Freundin oder ein anderer Gleichgesinnter, mit dem du dich regelmäßig austauschst. Du bittest den anderen, deine Affirmation zu bestätigen.

Zunächst fragst du dich, wie stark deine Affirmation für dich ist. Wie sehr kannst du fühlen, was sie aussagt? Leg das auf einer Skala von 1 bis 10 fest: 1 ist sehr schwach und 10 ist sehr stark.

Deine Affirmation lautet zum Beispiel: »Ich bin selbstbewusst und erfolgreich.« Du sprichst sie aus und dein Gegenüber sagt nun zu dir: »… (dein Name), ja, du bist selbstbewusst und erfolgreich.«

Du wiederholst deine Affirmation und dein Gegenüber wiederholt erneut seinen Satz. Mach davon fünf bis zehn Durchläufe und überprüfe dann erneut auf der Skala von 1 bis 10, ob die Affirmation an Stärke gewonnen hat.

Wenn du dich niemandem anvertrauen willst, kannst du dir auch einfach vor deinem inneren Auge vorstellen, wie ein anderer Mensch, den du schätzt und akzeptierst, jemandem davon erzählt, dass du immer selbstbewusster und erfolgreicher wirst. Die Wirkung ist dieselbe, da unser Gehirn nicht zwischen Realität und Vorstellung unterscheiden kann.

BESTÄNDIGKEIT VERSTÄRKEN

Je öfter wir mit unserer Affirmation in Berührung kommen, desto schneller und tiefer prägt sie sich in unser Unterbewusstsein ein. Du kannst neben den morgendlichen oder abendlichen Gedanken daran also noch weitere Erinnerungen in deinen Alltag einbauen. Verwende deine Affirmation zum Beispiel als Handyhintergrund. Klebe dir einen Notizzettel auf den Badezimmerspiegel, an deinen PC-Bildschirm oder auf die Innenseite der Toilettentür.

BEWEGUNGSVERSTÄRKER

Ich habe herausgefunden, dass sich die Kraft meiner Affirmationen durch Bewegung verstärkt. Ich sage sie mir daher gern rhythmisch auf, wenn ich walke oder spazieren gehe. Aber auch der Rhythmus von Musik, vor allem wenn du dich dazu bewegst, kann zur schnelleren Wirkung beitragen.

Mein absoluter Liebling ist aktuell das Affirmations-Hula-Hoopen. Ich habe vor zwei Monaten damit angefangen, täglich 150 Mal nach rechts und dann 150 Mal nach links zu hullern. Mittlerweile stelle ich mir vor, wie der Reifenradius dabei die Energie meiner Affirmation immer größer und größer werden lässt. So lange, bis mich eine große Lichtkugel voller Affirmationskraft umgibt.

Egal, welche Bewegung dir Freude macht, es gibt bestimmt eine Möglichkeit, deine Affirmationen ab und an dabei einzubinden. Sei ruhig kreativ und probier dich aus.

AFFORMATIONEN NUTZEN

Du hast richtig gelesen: Afformationen. Dabei handelt es sich um positive Fragestellungen, die unser Gehirn ganz automatisch dazu anregen, hilfreiche Antworten zu finden. Die Methode wurde vom Amerikaner Noah St. John entwickelt. Meist wird sie unabhängig von Affirmationen angewandt. Ich allerdings finde gerade die damit verbundene Anwendung sehr wertvoll und hilfreich.

Dazu ein Beispiel: Wenn deine gewählte Affirmation »Ich bin gesund und vital« lautet, verbirgt sich dahinter der Wunsch nach Gesundheit. Du kannst die Intensität – oder anders gesagt: die Glaubwürdigkeit der Affirmation für dein Unterbewusstsein – noch einmal bestärken, indem du aus dem Satz eine positive Frage bildest. Vielleicht: »Warum habe ich es verdient, gesund zu sein? Warum werde ich es schaffen, gesund zu werden?«

Sobald die Frage gestellt ist, reagiert dein Gehirn darauf und findet bestärkende Antworten. Diese Antworten dienen dir dann wieder als Futter für dein Unterbewusstsein. Ganz nach dem Motto:

Aha! Wenn es Gründe dafür gibt, dann wird was Wahres dran sein.

Wenn du dir Afformationsfragen in Bezug auf deine Affirmation stellst, ist es hilfreich, dir die Antworten schriftlich zu notieren. Hier findest du noch ein paar Anregungen solcher Fragen in Bezug auf Selbstwert- und Selbstliebe-Affirmationen:

- »Warum ist es gut, dass ich lerne, mich selbst zu lieben?«
- »Warum ist es wahr, dass ich wertvoll bin?«
- »Warum wird es mir gelingen, meinen Selbstwert zu stärken?«
- »Warum habe ich es verdient, mich als wertvoll zu empfinden?«
- »Warum werde ich es schaffen, meine Selbstzweifel loszulassen?«
- »Warum bin ich ein Geschenk für diese Welt?«

Die Stärken in deinen Schwächen entdecken

GELIEBT SEIN – MIT ALL DEINEN »MACKEN«

»Weißt du, was ich mir für einen Partner wünsche? Einen, der zu mir sagt: ›Gerade deine Schwächen, Makel und Ticks machen dich besonders süß und unwiderstehlich.‹«, gestand mir meine Freundin Franziska bei einem unserer Barabende. »Ja, so einen wünsche ich mir auch«, sagte ich nickend und bemerkte, wie sich beim Gedanken daran ein entspanntes Lächeln auf meinen Lippen bildete. Anders als Franziska konnte ich damals nicht daran glauben, dass es einen Menschen geben könnte, der gerade meine Schwächen, die ich selbst verurteilte, wundervoll fand. Umso erstaunter war ich, als ich miterlebte, wie Franziska tatsächlich einen solchen Partner fand.

»Wenn ich meine Tage habe, rumjammere, schrecklich unreine Haut habe und mich ein bisschen verhalte wie ein trotziges kleines Kind, setzt er sich an den Bettrand, streichelt über meine fettigen Haare und sagt mir, ich sei die schönste und süßeste Frau überhaupt«, erzählte Franziska einige Monate nach unserem letzten Single-Barabend. Und während sie die Worte aussprach, war sie selbst davon überzeugt, dass sie auch dann, wenn sie ihre Schwächen zur Schau stellte, unglaublich wertvoll und liebenswert sei.

Okay, ich gebe zu, Franziska machte bei der Wahl ihres Partners schon einen besonders guten Griff. Aber Zufall war das nicht. Denn solange ich sie kenne, war sie immer davon überzeugt, wertvoll, ja, ein Geschenk für diese Welt und vor allem für jene Menschen zu sein, die Zeit mit ihr verbrachten. Genau mit dieser Einstellung, die in der Folge natürlich auch ihr Verhalten, ihre Körperhaltung, ihre Worte und Taten beeinflusste, ging sie in die Welt hinaus. Das Ergebnis: Sie traf einen Mann, der sie genauso wertvoll empfand, wie sie es selbst trotz ihrer Mankos tat.

DU BIST EINMALIG. IST DIR DAS BEWUSST?

Wäre es nicht schön, wenn wir alle – genau wie Franziska – unsere Schwächen als einen Teil von uns anerkennen würden, der uns sogar noch wertvoller macht? In etwa so, wie es in der Kunstbranche üblich ist. Dort nämlich ist eine perfekte Kopie der Mona Lisa relativ wenig wert, während das Unikat eines modernen Gemäldes, das für den Laien so anmutet, als hätte es viele Fehler und Macken, meist unbezahlbar ist.

Ich jedenfalls habe mich von Franziska und der Welt der Kunst dazu inspirieren lassen, einen neuen Umgang mit meinen Schwachstellen zu etablieren. Diesen lebe ich nun bereits seit vielen Jahren erfolgreich aus. Gerade Menschen, die mich auf Instagram oder meinem Podcast verfolgen, wissen, dass ich die Perfektion aus meinem Leben verbannt habe. Wenn sich in meinen Social-Media-Texten ein Fehler oder im Podcast ein Versprecher einschleicht, dann wird er nicht ausgebessert oder retuschiert, sondern stolz geteilt.

Und wenn mich jemand auf einen Fehler aufmerksam macht, dann nutze ich diese Gelegenheit, um diesen Fehler zu feiern. In etwa so:

»Juhu, ich habe einen Fehler gemacht. Das zeigt, dass ich ich selbst bin und mich traue, mein Leben aktiv zu gestalten.«

Nun gut, magst du denken – aber was ist, wenn ich wirklich schwerwiegende Makel habe? Keine Sorge, die habe ich auch. Zum Beispiel spreche ich so schlecht Englisch, dass sich mein Partner, wann immer ich mich im Urlaub mit jemandem unterhalte, derart geniert, dass er neben mir rot wird. Außerdem bin ich über alle Maßen ungeduldig, sodass ich anderen Menschen, gerade jenen, die mit mir zusammenarbeiten, unglaublich auf die Nerven gehe. Meine Ungeduld führt des Weiteren dazu, dass ich ständig alles »husch-pfusch« mache, wodurch sich einfach jede Menge Schlampigkeitsfehler einschleichen, die dann wieder ausgebügelt werden müssen.

Noch mehr? Okay. Kann ich liefern. Auch mein Körper ist nicht perfekt. Als Teenager und junge Erwachsene hatte ich ständig einige Kilo zu viel auf den Rippen. Um sie loszuwerden, versuchte ich eine Diät nach der anderen. Die Folge: Ich nahm immer wieder stark ab und anschließend wieder zu. Nachdem ich, wie viele Frauen, kein besonders gutes Gewebe habe, finden sich an fast jeder Körperstelle Dellen, schlaffe Haut und Risse.

KREATIVES ENTSTEHT OFT AUS VERMEINTLICHEN FEHLERN

Und dann habe ich noch ein Problem mit der deutschen Sprache. Eigentlich beherrsche ich sie ja ziemlich gut, aber mein Gehirn findet teilweise einfach nicht die richtigen Worte und kreiert dann selbstbewusst neue, die es im Duden oder Lexikon gar nicht gibt. Überzeugt davon, dass diese Worte existieren, verwende ich sie dann bei Meetings, in meinen Büchern und bei Vorträgen. Ein Beispiel dafür ist das Wort Kompetise.

Jahrelang habe ich diese tolle Wortkreation im Job immer wieder verwendet. Irgendwann wurde ich darauf aufmerksam gemacht, dass es im Lexikon zwar das Wort Kompetenz und das Wort Expertise gebe, aber eben nicht Kompetise. Ich habe lauthals über mich selbst gelacht und mich mit dem

Fehlerfinder darauf geeinigt, dass dieses Wort längst einen Platz im deutschen Lexikon verdient hätte.

Und sogar mein Erfolgsblog »Honigperlen«, zu dem es mittlerweile ein Buch und einen Podcast gibt, ist das Ergebnis einer solchen Wortkreation von mir. Der Name entstand, als ich eines morgens mein Frühstücksbrot schmierte und dabei kleckerte. Plötzlich waren da diese wunderschönen Honigtropfen. Aber das entsprechende Wort war beim Schreiben kurz darauf in meinem Gehirn gerade nicht verfügbar, weswegen ich einfach »Honigperlen« nahm. Und damit wären wir auch schon bei meiner ersten Stärke, die sich aufgrund einer Schwäche ergab. Honigperlen ist heute nämlich meine Marke. Mehr als zehn Millionen Menschen haben mittlerweile bereits auf meinem Blog mit dem gleichnamigen Titel gestöbert. Fast jeder meiner Follower findet die Wortkreation wunderschön. Viel besser als herkömmliche Honigtropfen.

Und auch meine Ungeduld, die oft dazu führt, dass ich Fehler mache, ist auf der anderen Seite eine große Stärke: Sie macht mich zu einer Macherin, die ihre Ideen umsetzt, statt lange darüber nachzudenken.

Für mein schlechtes Englisch und meine Orangenhaut habe ich nicht direkt eine Stärke parat, genauso wenig wie für meinen Hang zum Chaos im Haushalt, der meinen Partner oft zur Weißglut treibt. Aber natürlich haben auch diese Schwächen ihr Positives. Denn hätte ich sie nicht, gäbe es vermutlich auf der anderen Seite nicht die entsprechenden Stärken. Wer chaotisch ist, ist nämlich sehr oft auch kreativ. Wer selbst körperliche Mankos hat, beschränkt andere Menschen weniger darauf. Und mein schlechtes Englisch hebt sich durch meine Liebe zur deutschen Sprache auf. Diese wiederum weiß ich außerdem sehr sinnvoll einzusetzen, zum Beispiel, indem ich Bücher schreibe, die Menschen dabei helfen, wieder zu erkennen, dass sie ein Geschenk für diese Welt sind. Aber genug von mir.

Auch hinter deinen Schwächen liegen Stärken, davon bin ich überzeugt.

WIE IST ES BEI DIR?

Hinter deinen Schwächen sind garantiert auch Stärken verborgen. Das könnte heißen:

- Entweder ist deine Schwäche bei genauerer Betrachtung bereits eine Stärke.
- Oder du hast diese Schwäche, weil der Gegenpol von ihr besonders ausgeprägt und dadurch eine wahre Stärke ist.
- Und dann gibt es noch die dritte Option, die wir bei Franziska kennengelernt haben. Wenn das Topmodel über den Laufsteg geht, sagt kaum jemand: »Die ist aber süß und sympathisch.« Perfektion ist nämlich einfach nicht süß. Das heißt: Bestimmte Makel oder Ticks machen dich einfach sympathisch für deine Mitmenschen.

Oft sind es genau jene Schwächen, die wir am meisten an uns ablehnen, wegen derer sich andere Menschen in unserer Umgebung besonders wohlfühlen. Ich weiß noch, wie ich mich vor nicht allzu langer Zeit mit einer Leserin meiner Bücher, die sich als Fan von mir outete, zu einem Kaffee traf. Als wir anschließend in Kontakt blieben, gestand sie mir irgendwann, dass sich ihre frühere Bewunderung erst in wirkliche Sympa-

thie verwandelt hatte, als sie mich live erlebte und sah, dass ich kleine Pickel auf der Stirn hatte und bei meinem Lockenkopf einzelne Krauselhaare in die Luft standen. Erst durch Sympathie kann Nähe und Verbundenheit entstehen. Und ganz ehrlich: Ich bin lieber sympathisch und echt als perfekt und bewundernswert.

Also lass uns nun auch deine Fehler, Schwächen, Ticks und Makel verwandeln. Vielleicht erscheint es dir im Moment noch zu überzogen, deine Schwächen als Diamanten zu sehen. Das ist völlig nachvollziehbar, denn es gibt keinen Schalter, den wir einfach umlegen können, um das, was wir aktuell noch an uns ablehnen, plötzlich zu lieben. Aber allein die Idee oder die Vorstellung, dass dich deine Schwächen und Makel umso liebenswerter und wertvoller machen, führt dazu, dass negative Glaubenssätze an Kraft verlieren. Daher lohnt sich das nächste Selbstwert-Abenteuer auf jeden Fall.

Auch Diamanten haben Ecken und Kanten.

SELBSTWERT-ABENTEUER

Lass deine Schwächen glänzen

Um Schwächen in Stärken zu verwandeln, musst du dir diese natürlich zuerst bewusst machen. Die folgenden Fragen helfen dir dabei. Notiere dir deine Antworten bitte nach dem folgenden Schema: Teile ein Blatt Papier in zwei Hälften. Notiere alle Schwächen und Fehler in die erste Hälfte und lass dazwischen ein, zwei Zeilen Abstand.

- Das kann ich besonders schlecht. Darin bin ich gänzlich unbegabt.
- Das stört mich besonders an mir selbst.
- Diese Ticks habe ich.
- Für diese Schwächen schäme ich mich.
- Diese offensichtlichen Fehler und Makel habe ich außerdem.

Nun schaust du dir zu jeder deiner notierten Schwächen die folgenden drei Stärkenhelfer an und notierst dir die Antworten, also die möglichen Stärken, in die zweite Spalte. Nicht alle drei werden für jede Schwäche passen. Doch du wählst jene aus, bei der sich zu der jeweiligen Schwäche am besten

Antworten ableiten lassen. Wenn du zu einer oder zu mehreren Schwächen noch keine Umkehrung findest, ist das kein Problem. Es ist schon toll, wenn es dir bei einigen gelingt. Außerdem kannst du die Übung zu einem späteren Zeitpunkt noch mal machen. Dabei stößt du bestimmt auf neue Perspektiven und Antworten.

WAS KANN JEMAND, DER GENAU DIESELBE SCHWÄCHE HAT WIE DU, OFT BESONDERS GUT?

Jede negative Qualität hat einen Gegenpol – das heißt eine positive Qualität. Zum Beispiel: Jemand, der chaotisch ist, ist auf der anderen Seite oft sehr kreativ, gelassen oder voller Leichtigkeit. Jemand, der schüchtern ist, ist oft ein sehr guter Zuhörer oder besonders empathisch. Jemand, der viel und unüberlegt redet, ist ein guter Unterhalter oder einfach spontan. Ein Morgenmuffel ist abends oft besonders gut aufgelegt. Und so weiter.

Nimm deine notierten Schwächen, eine nach der anderen, und formuliere daraus: »Jemand, der… (hier notierst du deine Schwäche), kann in der Regel besonders gut…«

DEINE SCHWÄCHE ALS STÄRKE

Frag dich: Wenn deine Schwäche in Wirklichkeit eine Stärke oder sogar ein Talent wäre, das du bisher nur noch nicht entdeckt hast, welches könnte es sein? Wie du ja schon gelesen hast, führt mich beispielsweise gerade die Schwäche, dass mir häufig die richtigen Worte nicht einfallen, zu wunderschönen neuen Wortkreationen. Du wirst überrascht sein, wie viel auch dir hier einfällt, wenn du ein wenig darüber nachdenkst – sei bei dieser Frage ruhig richtig kreativ!

IST DEINE SCHWÄCHE SYMPATHISCH?

Hätte ein anderer deine Schwäche, deinen Tick oder deinen Makel, würdest du ihn deshalb unsympathisch finden? Oder wäre es möglich, dass dich deine Schwäche oder dein Fehler für einige Menschen sogar liebenswerter, sympathischer, authentischer oder süß macht? Falls ja, notiere das entsprechende Eigenschaftswort in der zweiten Spalte.

SCHREIB EIN LOBLIED AUF DICH

Wir haben uns mit deinen vermeintlichen Schwächen beschäftigt. Vermutlich ging es dir wie den meisten Menschen und du konntest beim letzten Selbstwert-Abenteuer in Bezug auf die ein oder andere Schwäche keinen positiven Gegenpol finden. Um mögliche Selbstzweifel, die dadurch aufkeimen könnten, gleich wieder zu eliminieren, legen wir in diesem Kapitel unser Augenmerk auf deine Stärken.

SCHWÄCHEN? FÜR DEIN GEHIRN DAS WESENTLICHE

An einigen Stellen dieses Buches – und natürlich auch in deinem Leben – hast du sicher schon ein paar deiner Stärken entdeckt. Aus Erfahrung aber weiß ich, dass wir meist noch viel mehr davon haben. Gerade in Bezug auf unsere Stärken und Fähigkeiten ist es nämlich sehr oft so, dass wir Scheuklappen aufhaben. Dafür verantwortlich ist zum einen unser Gehirn, das evolutionsbedingt seinen Fokus ganz automatisch auf negative Dinge legt. Das liegt daran, dass es über viele Jahrtausende überlebenswichtig war, Gefährliches, wie beispielsweise eine giftige Pflanze oder ein wildes Tier, klar und schnell wahrzunehmen. Längst leben wir nicht mehr unter Steinzeitbedingungen und Erkenntnisse aus der Positiven Psychologie bestätigen mittlerweile, dass es viel nützlicher wäre, wenn wir unsere Aufmerksamkeit öfter auf Positives richten würden – dennoch agiert unser Gehirn noch immer wie zu Zeiten des Säbelzahntigers. Dadurch nehmen wir auch heute noch Negatives stärker wahr als Positives.

Genau das passiert auch in Bezug auf unsere Schwächen und Stärken. Eine Schwäche erscheint uns immer wie ein Elefant, während eine Stärke oft so selbstverständlich für uns ist, dass wir sie bloß als Ameise wahrnehmen. Das ist der Grund, warum gerade Menschen, die sich nicht besonders wertvoll fühlen, oft denken, sie hätten wenig vorteilhafte Eigenschaften und Fähigkeiten.

Gewohnheit macht die größte Stärke zu einem vermeintlichen Nichts.

DER FAKTOR GEWOHNHEIT

Aber noch ein Faktor beeinflusst die Wahrnehmung unserer Stärken negativ. Es ist die Gewohnheit. Dazu ein persönliches Beispiel: Als ich mein erstes Buch geschrieben hatte und nach langer Suche ein Verlag seine Begeisterung dafür zeigte, freute ich mich wie ein neuer Schilling. Ich war stolz, erfolgsbewusst und glaubte plötzlich daran, dass ich tatsächlich ein Talent zum Schreiben hätte. 15 Monate später schrieb ich mein zweites, dann mein drittes und mittlerweile mein viertes Buch. Und während ich hier nun seit ein paar Wochen ohne jegliche Schreibblockade relativ zügig und, wie ich meine, auch strukturiert Zeilen tippe, kam mir das Gefühl, dass ich hier etwas Besonderes tue, das nicht jeder kann, völlig abhanden. Erst als mich vor ein paar Tagen eine Autorenkollegin via Mail kontaktierte und mir davon erzählte, dass sie schreckliche Versagensängste und Kreativitätsblockaden beim Schreiben ihres aktuellen Buches habe, wurde mir bewusst, wie leicht es mir fällt, meine Gedanken und Tipps in Worte zu fassen und dass ich diesbezüglich vermutlich wirklich eine Gabe in mir trage.

Genau das passiert uns allen ständig. Wenn wir etwas Neues erlernen, freuen wir uns über jeden kleinen Erfolg. Die Tätigkeit und die erlernten Fähigkeiten erhalten unsere positive Aufmerksamkeit. Wir sind stolz und glauben für einige Augenblicke daran, dass auch wir bei der Vergabe der Talente nicht ausgelassen wurden. Aber je länger wir der Tätigkeit dann nachgehen, desto weniger nehmen wir wahr, dass wir etwas Besonderes leisten. Womöglich hast du noch kein

Buch geschrieben, aber vielleicht hast du ein Organisationstalent, das du täglich zu Hause bei der Familie oder im Beruf unter Beweis stellst. Oder aber du bist derart empathisch, dass du anderen Menschen allein durch dein Zuhören und deine achtsamen Worte eine große Hilfe bist. Oder aber du hast ein Händchen dafür, deine Wohnung zu dekorieren oder Farben zu kombinieren. Oder du hast ein Talent dafür, Zutaten zu vermischen und daraus wunderbare Gerichte oder Backwaren entstehen zu lassen. Was auch immer du besonders gut kannst, geht dir vermutlich leicht von der Hand, und das ist auch schon das nächste Wahrnehmungsproblem in Bezug auf unsere Stärken.

WAS LEICHT GEHT, KANN NICHTS BESONDERES SEIN. WIRKLICH?

Die meisten Menschen denken: Wenn ihnen etwas leichtfällt, ist es nichts Besonderes und außerdem auch nicht viel wert. Das ist natürlich völliger Unsinn, oder würdest du sagen, weil ich es in acht Wochen voller Leichtigkeit geschrieben habe, ist mein Buch hier weniger wert als eines, das denselben Umfang hat, an dem jemand aber acht Jahre lang geschrieben hat? Vermutlich nicht. In der Regel sind wir nämlich gerade in jenen Dingen besonders gut, die uns leichtfallen.

Bei anderen erkennen wir solche Talente sofort. Wir sagen dann gern: »Das könnte ich niemals.« Meine Mama zum Beispiel kocht regelmäßig mühelos ein Drei-Gänge-Menü und sorgt dafür, dass 30 Menschen gleichzeitig einen warmen Teller auf dem Tisch haben. Etwas, das ich nicht einmal unter höchster Anstrengung und mit Küchenhilfe schaffen würde. Meine liebe Freundin Gabi hat in wenigen Wochen so etwas Ähnliches wie Programmieren erlernt. Allein für die Formulierung hier würde sie mich rügen. Mit meiner technischen Begabung würde ich für diese Meisterleistung vermutlich ein oder zwei Jahre benötigen. Und mein Partner hat oft beruflich und privat so viel um die Ohren, dass ich an seiner Stelle unter der Masse an To-dos völlig hektisch und vor allem fehlerhaft arbeiten würde. Doch er bleibt seelenruhig, macht trotzdem seinen Mittagsschlaf, geht laufen und arbeitet anschließend strukturiert eine Sache nach der anderen ab.

Du siehst schon. Was wir selbst im Vergleich zu anderen nicht können, fällt uns sofort ins Auge. Umgekehrt hingegen machen uns Wahrnehmungsverzerrungen oft blind. Wenn uns dann einmal jemand darauf aufmerksam macht, dass wir etwas besonders gut beherrschen, sagen wir gern: »Das hat mich doch keine Mühe gekostet«, und entwerten es mit einem Abwinken.

Alles, was dir leicht von der Hand geht, ist eine Begabung.

Du siehst, es gibt einige Gründe, warum wir uns gleich noch intensiver um deine Sonnenseiten kümmern sollten. Wer sich nämlich gänzlich über seine Stärken bewusst ist, dem wird auch klar, wie er durch diese tagtäglich Geschenke auf der Welt verteilt. Und ja, vermutlich hast du anhand von ein paar Übungen in diesem Buch, wie zum Beispiel durch die Beweissammlung im ersten Kapitel, schon einige deiner Sonnenseiten entdeckt.

Vielleicht denkst du, damit sei es nun aber auch schon genug. Doch das Problem ist, dass Stärken und Fähigkeiten nach einem kurzen Erkennen recht schnell wieder in den Schatten treten, wenn wir sie nicht ausreichend beleuchten. Daher ist es jetzt an der Zeit, dass du sie mit entsprechenden Werkzeugen richtig ins Scheinwerferlicht stellst – indem du ein Loblied auf dich schreibst.

SELBSTWERT-ABENTEUER

Dein Loblied auf dich

Bevor du loslegen kannst, brauchst du natürlich alle Informationen über deine Stärken. Dazu ist Recherchearbeit notwendig. Ich stelle dir hier vier Ansätze vor, mit denen du deine Stärken wiederentdecken kannst. Wenn dir ein oder zwei Ansätze nicht zusagen, kannst du sie einfach auslassen. Wichtig: Notiere jede Stärke, die sich dir offenbart, egal, ob sie dir bisher schon bewusst war oder nicht.

Nutze all deine Erkenntnisse aus den bisherigen Kapiteln. Welche Stärken hast du bereits in den verschiedenen Übungen erkannt? Notiere sie.

Zweite Möglichkeit: Werde zum Stärkenreporter! Gerade für introvertierte Menschen ist diese Übung eine Hürde, aber ich verspreche, sie lohnt sich. Befrage mindestens fünf Freunde, Familienmitglieder oder Kolleginnen nach deinen Stärken. Wenn du dich nicht ganz outen möchtest, kannst du sagen: »Ich mache bei einem Experiment mit. Es geht darum, wie man sich selbst und wie andere einen einschätzen. Darf ich dich fragen, welche Stärken oder Fähigkeiten du in mir siehst? Deine Antwort würde mir sehr helfen.« Andere erkennen deine Talente oft mit einem Blick. Deshalb führt diese Methode oft zu schnellen und positiven Erkenntnissen.

Schau drittens zurück in deine Vergangenheit – mit dem Fokus auf allen Jobs, Praktika, Aus- und Fortbildungen, auf einzelne Schulfächer, langjährige Hobbys oder auch Tätigkeiten, denen du unentgeltlich nachgekommen bist. Vielleicht warst du schon Seelentröster für deine Freunde, ehrenamtlich tätig, hast Renovierungen zu Hause oder bei Bekannten vorgenommen, für die Familie gebacken und so weiter. Liste alles auf, was dir einfällt. Welche Stärken ergeben sich daraus? Was hat dir Freude gemacht und ist dir gut gelungen? Wofür hast du öfter Dank erhalten? Wofür wurdest du öfter als einmal gelobt?
Vierte Option: Beantworte einige Fragen.

- Was geht dir leicht von der Hand? Bei welcher Tätigkeit musst du dich nicht anstrengen, sondern verspürst sogar Freude?
- Was hast du besonders schnell gelernt? In welchem Bereich erweiterst du dein Wissen mühelos und gern?
- Bei welcher Tätigkeit vergeht die Zeit wie im Flug?
- Vervollständige den Satz: »Ich liebe es, wenn ich …«

Wenn du all deine Stärken, Fähigkeiten und Talente auf einem Zettel notiert hast, falte ihn mit der Absicht zusammen, ihn über die nächsten Wochen immer wieder bewusst zu lesen. Positioniere ihn an einem Ort, an dem du häufig ein paar Minuten Zeit für dich hast. Zum Beispiel auf der Toilette, auf der Innenseite deines Kleiderschrankes oder auf deinem Nachtkästchen.

BIST DU EIN ROTER FERRARI?

Ich lade dich ein, mit mir eine visuelle Reise in die Welt der Automobile zu machen. Keine Sorge, du musst dich dafür in diesem Bereich nicht auskennen, das tue ich auch nicht.

Mit 18 bekam ich mein erstes Auto geschenkt. Es war ein Citroën AX, der dasselbe Geburtsjahr wie ich hatte und somit fast schon ein Oldtimer war. Mit 800 Euro war er ein ziemliches Schnäppchen. Und im Nachhinein war das auch gut so, denn im Laufe der darauffolgenden zwölf Monate bekam er von mir etliche Dellen verpasst und wurde außerdem zu einer fahrenden Müllhalde. Nachdem das Auto ja kaum etwas wert war, machte ich mir nicht die Mühe, es regelmäßig zu reinigen oder gar in die Waschstraße zu fahren. An manchen Tagen vergaß ich sogar, es überhaupt abzuschließen. Das brachte mich aber nicht weiter aus der Ruhe, denn ich war mir sicher, dass niemand den alten Blechhaufen klauen würde. Auch mit den regelmäßigen Besuchen in der Autowerkstatt nahm ich es bei diesem Auto nicht so genau. Die sonderbaren Geräusche des Citroëns tat ich einfach als eine Alterserscheinung ab.

An meinem 19. Geburtstag war das Auto schließlich hinüber. Es fuhr keinen Meter mehr. Ob das nun nur an meiner nachlässigen Fürsorge lag oder tatsächlich an seiner Altersschwäche, ist schwer zu sagen. Fakt ist: Ich habe dieses Auto stark vernachlässigt und ziemlich schlecht behandelt.

Bewusst wurde mir das erst, als ich mir mit 24 mein damaliges Traumauto, einen Fiat 500, der mich ein kleines Vermögen kostete, von meinem hart ersparten Geld kaufte. Gleich nach dem Kaufvertrag schloss ich eine Vollkaskoversicherung sowie einen Mietvertrag für eine Garage ab. Mein kleiner Flitzer, wie ich ihn liebevoll nannte, sollte es warm und gemütlich haben. Einmal pro Woche wurde er gesaugt, geputzt, poliert und manchmal sogar gestreichelt. Wenn jemand mit schmutzigen Schuhen in mein Auto steigen wollte, wurde er aufgefordert, seine Treter in einem Plastiksack, den ich genau für solche Situationen vorbereitet hatte, in den Kofferraum zu befördern. Und natürlich wurde mein Flitzer regelmäßig zum Autodoktor gefahren. Nur zu den besten, versteht sich.

Die gegengleichen Autobeispiele zeigen auf anschauliche Weise, wie wir mit Dingen umgehen, die für uns wertvoll oder eben wertlos sind. Meinen alten Citroën habe ich als wertlos wahrgenommen. Dementsprechend habe ich ihn vernachlässigt, verschmutzt und war im Umgang mit ihm stets achtlos. Mein Fiat 500 hingegen war für mich teuer, entsprechend wertvoll und wichtig. Also habe ich ihn fürsorglich, verantwortungsbewusst und liebevoll behandelt. Welches der beiden Autos spiegelt deinen Umgang mit dir selbst wider?

Gehst du mit dir wie mit einem Ferrari oder wie mit einer Schrottkarre um?

Der Umgang mit dir selbst nennt sich entweder Selbstfürsorge oder Selbstvernachlässigung. Wobei klar ist, was sich besser anfühlt und was sinnvoller ist. Ziel ist es natürlich, gut für sich selbst zu sorgen. Nicht nur, damit wir länger gesund bleiben, sondern auch, um unser Selbstwertgefühl und dadurch unser seelisches Wohlbefinden zu steigern.

Wenn uns jemand gut behandelt, uns achtsam zuhört und uns umsorgt, fühlen wir uns anerkannt, wichtig und wertvoll. Wenn uns hingegen jemand schlecht behandelt, fühlen wir uns überflüssig und minderwertig. Während wir bei anderen sofort wahrnehmen, wenn sie uns respektlos behandeln oder vernachlässigen, tun wir das bei uns selbst leider selten. Die mentalen Auswirkungen aber sind fast dieselben, vor allem in Bezug auf unser Selbstwertgefühl. Egal, ob wir uns selbst mies behandeln oder ob jemand anderer das tut, beides erscheint unserem Unterbewusstsein wie eine Bestätigung dafür, dass wir nichts wert sind.

Umgekehrt funktioniert dieser Mechanismus natürlich genauso. Wenn wir uns selbst liebevoll, achtsam und fürsorglich behandeln, so vermitteln wir unserer Gefühls- und Gedankenwelt, dass wir wichtig und kostbar sind. Kurzum: Aktive Selbstfürsorge führt dazu, dass du dich von innen heraus mit Wertschätzung auffüllen und dadurch strahlender in die Welt hinausgehen kannst.

SO TUN, ALS OB

»Was aber, wenn ich mich einfach nicht wertvoll fühle? Ist Selbstfürsorge dann nicht einfach nur ein heuchlerisches Wellnessprogramm?«, fragte mich vor einiger Zeit eine Teilnehmerin meines Selbstliebe-Lehrgangs. »Nein, definitiv nicht«, antwortete ich. »Klar kann es sein, dass du dich komisch fühlst, wenn du dich ab heute selbst wie eine Prinzessin behandelst, aber das liegt einfach daran, dass du es nicht gewohnt bist.« Es ist so wie mit dem aufgesetzten Lächeln. Auch wenn es anfangs gespielt ist, signalisierst du dadurch jeder Zelle deines Körpers, dass du glücklich bist, und dein Körper beginnt ganz real Glückshormone auszuschütten, wodurch dein Wohlbefinden steigt. Ich nenne diese Methode gern »So tun, als ob«. Und ich habe mit ihr in verschiedenen Bereichen großartige Erfahrungen gemacht. Beispielsweise habe ich während meiner Schmerzkrankheit, die mich 2015 überfiel, begonnen, so zu tun, als ob ich körperlich gesund wäre. Ich habe trotz starker Schmerzen Sport getrieben, bin in den Urlaub gefahren, hab wieder Wein getrunken und mich mit Freunden getroffen. Natürlich hat mich das nicht sofort schmerzfrei gemacht, aber es hat mir relativ schnell meine Lebensfreude und nach einiger Zeit immer mehr schmerzfreie Phasen zurückgebracht. Ähnliche Effekte kannst du durch gelebte Selbstfürsorge erwirken.

»Aber wenn ich mich selbst nicht liebe, woher weiß ich denn, wie diese liebevolle Fürsorge funktioniert?« Das war die nächste Frage der Teilnehmerin. Auch hierfür habe ich eine Lösung parat: In jedem von uns, egal, ob wir Kinder haben oder nicht, steckt eine liebevolle Mutter (oder ein liebevoller Vater). Eine Mutter liebt ihr Kind in der Regel bedingungslos und sie tut alles dafür, dass es ihm gut geht. Sie versorgt, streichelt, achtet es und gibt ihm alles, was es braucht, um sich wohlzufühlen, gesund zu bleiben und zu wachsen. Weil auch in dir von Natur aus eine Mutter (oder eben ein Vater) steckt, weißt du intuitiv, was bedingungslose Liebe und Fürsorge bedeutet. Im folgenden Selbstwert-Abenteuer wirst du durch diese Vorstellung erstaunliche, konkrete Antworten dafür erhalten, was du für wahre Selbstfürsorge tun musst.

SELBSTWERT-ABENTEUER

Dir selbst eine gute Mutter sein

Erschaffe zuerst vor deinem inneren Auge das Bild einer perfekten Mutter. Dabei solltest du nicht auf deine eigene Mutter zurückgreifen. Genau das führt nämlich oft dazu, dass diese Übung nicht fruchtet. Unsere Mütter und Väter hatten selbst oft schwere Lasten zu tragen und konnten uns daher häufig nicht die Fürsorge schenken, die wir verdient und gebraucht hätten. Wenn es dir so erging, blende deine eigene Vergangenheit aus und erschaffe ein völlig neues Bild. Frage dich: Wie ist die perfekte liebevolle Mutter? Welche Eigenschaften hat sie? Wie sieht sie aus? Wie bewegt sie sich? Wie sieht sie ihr Kind an?
Versuche nun, den liebevollen Blick dieser Mutter wie einen Filter über deine Augen zu legen, und beantworte anschließend schriftlich die folgenden Fragen:

Wenn ich mir selbst eine gute Mutter wäre …

- … was würde ich dann ab heute anders machen?
- … was würde ich dann bestimmt nicht mehr machen?
- … was würde ich zusätzlich oder neu machen?

Lass dir bei der Beantwortung der Fragen ausreichend Zeit und notiere all deine Erkenntnisse. Beschäftige dich anschließend damit, wie du das Notierte durch Taten und Veränderungen deiner Gewohnheiten in dein Leben integrieren kannst. Sei geduldig mit dir. Setz einen Schritt nach dem anderen um. Es wird dir nicht sofort gelingen, all deine Antworten zu leben, schließlich ist das eine große Umstellung deiner bisherigen Verhaltensmuster. Aber wenn du es schaffst, zumindest einen Teil davon nach und nach umzusetzen, wirst du sehr rasch bemerken, dass sich dadurch auch dein Selbstwertgefühl nach und nach verbessert.

Sag Adieu zu Selbstwert-Dieben

WER KLAUT DIR DEINEN WERT?

Nun hast du schon einiges gelernt, das dir dabei hilft, dich öfter als ein Geschenk für diese Welt zu empfinden. Und nichtsdestotrotz fühlst du dich vermutlich hier und da in deinem Selbstwertgefühl noch immer bedroht. Der Grund dafür können sogenannte Selbstwert-Diebe sein. Wie ihr Name schon sagt, sind sie ähnlich wie du auf der Suche nach einer Bestätigung dafür, dass sie wertvoll sind. Leider wählen sie dafür einen eher ungünstigen Weg. Denn nur indem sie andere klein machen und ihnen dadurch ihr Selbstwertgefühl rauben, fühlen sie sich kurzfristig groß und wichtig. Womöglich hast du sogar selbst schon mal unbewusst von dieser Strategie Gebrauch gemacht. Wenn wir beispielsweise über andere lästern, stellt sich für den Moment oft ein gutes, erhabenes Gefühl ein. In der Regel verpufft es aber sehr schnell wieder und im Nachhinein bleibt meist nur der fahle Beigeschmack eines schlechten Gewissens.

Sollte es dir schon einmal so ergangen sein, musst du dich dafür nicht verurteilen, bis zu einem gewissen Grad ist das absolut menschlich. Weil es dir aber nicht nachhaltig dabei hilft, dich besser zu fühlen, lohnt es sich, diesbezüglich achtsam zu sein und das Lästern, sobald es dir bewusst wird, zu unterlassen.

Aber zurück zu jenen Menschen, die dich mit ihrer Diebstahl-Strategie dazu bringen, wieder und wieder an deinem Wert zu zweifeln. Ich möchte dir typische Merkmale dieser Menschen vorstellen, damit du sie zukünftig schneller erkennst und dich rechtzeitig vor ihnen schützen kannst. Obwohl ich diese Personen hier bildlich gesprochen als Selbstwert-Diebe bezeichne, bedeutet das keinesfalls, dass es sich dabei ausschließlich um schlechte Menschen handelt, die wir meiden sollten. Häufig ist ihnen ihr Verhalten einfach nicht bewusst. Aber natürlich gibt es vereinzelt auch Kandidaten, die ihre ausgeklügelte Strategie tatsächlich bewusst einsetzen.

DER SELBSTWERT-DIEB MIT DER STRATEGIE: »DU BIST EIN KLEINER WURM.«

Diesen Dieb erkennst du daran, dass du dich in seiner Gegenwart immer irgendwie unbedeutend fühlst. Ist seine Strategie sehr ausgereift, lässt er in der Regel keine Gelegenheit aus, um dich klein zu machen, indem er dich kritisiert, nicht ernst nimmt, wie ein Kind oder von oben herab behandelt. In ihm verbirgt sich meist selbst ein kleines Kind, das zu wenig Anerkennung erhalten hat und sich daher nicht als wertvoll empfindet. Damit sich dieses Kind größer fühlen kann, wendet er bewusst oder unbewusst verschiedene Strategien an, um andere klein zu halten. Dadurch fühlt er sich kurzfristig besser.

»Aber warum ich? Er macht es doch bei anderen nicht«, werde ich in Bezug auf diesen Selbstwert-Räuber oft gefragt.

Der Grund ist, dass es ihm Menschen, die an einem geringen Selbstwertgefühl leiden, besonders leicht machen. Das bedeutet natürlich nicht, dass er ein Recht dazu hat, uns mies zu behandeln, oder gar, dass wir es nicht anders verdient hätten. Dennoch, gerade Menschen, die sich nicht wertvoll fühlen, legen bestimmte Verhaltensweisen wie zum Beispiel wenig Widerstand, gebückte Haltung oder Unterwürfigkeit an den Tag. Dadurch sind sie für den Selbstwert-Dieb ein gefundenes Fressen. Wie die meisten Lebewesen sucht auch er sich die leichteste Beute. Unbewusst geben wir zig Signale darüber preis, wie wir uns gerade fühlen, wodurch unsere Unsicherheit auch für unser Gegenüber spürbar wird. Bei einem Menschen mit wahrer Selbstsicherheit würde dieser Selbstwert-Räuber vermutlich schnell aufgeben oder der Spieß würde sich sogar umdrehen.

Ist es ihm erst einmal gelungen, uns klein zu machen, steht der Selbstwert-Dieb aus unserer Perspektive auf einem Podest. Manchmal, zum Beispiel wenn wir unglücklich in ihn verliebt sind, führt das dazu, dass wir ihn als noch wertvoller wahrnehmen. Seine Wertschätzung uns gegenüber hingegen sinkt. Er blickt dann bildlich gesprochen auf uns herab. Ganz nach dem Motto: Wer sich das gefallen lässt, kann einfach nichts wert sein. Besonders verfahren wird die Situation also dann, wenn wir trotz seines miesen Verhaltens zu ihm aufsehen. Auch das passiert unbewusst.

Mein Tipp: Wenn du in eine derartige Situation geraten bist, kann es helfen, ein paar tiefe Atemzüge zu nehmen und dir vor deinem inneren Auge vorzustellen, wie auch dein Podest immer größer und größer wird, so lange, bis du deinem Gegenüber mindestens auf Augenhöhe begegnest.

DER SELBSTWERT-DIEB MIT DER STRATEGIE: »DU BIST EIN NICHTS!«

Fast noch schlimmer als Kritik und herabwürdigendes Verhalten ist es, von anderen ignoriert zu werden. Wenn ein Kind zu wenig positive Aufmerksamkeit erhält, kann das dazu führen, dass es Dinge tut, mit denen es negativ auffällt. Es wird wütend, schlägt auf andere ein, macht Dinge kaputt oder tut alles, um bloß nicht den Erwartungen der Eltern zu entsprechen. In vielen Fällen ist das nur ein Schrei nach Liebe. Negative Aufmerksamkeit ist nämlich besser als gar keine.

Bestimmt hast du das auch schon einmal am eigenen Leib erfahren. Die Freundin, die gern tagelang schmollt und nicht zurückruft, oder der Partner, der nach einem Streit so tut, als wärst du Luft. So etwas kann zermürbend sein. Immer wieder tritt man als Bittsteller an den anderen heran und wird abgelehnt. Das kann dazu führen, dass wir uns dann wirklich wie ein Nichts fühlen. Ein schwerer Schlag für unseren Selbstwert. Gerade dann, wenn es uns häufig widerfährt.

Außerdem stellt die dadurch ausgelöste Kettenreaktion ein weiteres Problem dar. Wenn sich nämlich jemand nicht meldet, uns ignoriert, sich gänzlich rar macht, führt das leider gerade bei Menschen mit einem geringen Selbstwert häufig dazu, dass sie ihn als noch wertvoller wahrnehmen. »Mach dich rar und du wirst ein Star« – das trifft hier zu. Je weniger der andere von uns abhängig und umso beschäftigter er anderweitig ist, desto wichtiger nehmen wir ihn in der Regel.

Leb dein Leben – statt jemandem nachzulaufen.

Auch hier ein Schnelltipp: Bei Menschen mit einem starken Selbstwertgefühl führt ein ignorierendes, kaltes oder ablehnendes Verhalten ihres Gegenübers tendenziell zu Wut oder Ärger. Ich würde diese Emotionen in derartigen Situationen als angemessen bezeichnen, da sie helfen können, das Gegenüber von seinem Thron, von dem es offenbar herabsieht, zu werfen. Reagiert der andere dennoch nicht, schlagen selbstbewusste Menschen ihr Gegenüber meist mit seinen eigenen Waffen, nämlich mit Abstand. Genau diese Strategie, auch wenn sie für dich vielleicht zunächst nur ein Rollenspiel ist, kannst auch du anwenden. In etwa so: »Ich bin nicht auf dich angewiesen, schmoll ruhig rum, ich geh derweil ins Kino, eine Runde laufen oder treffe mich mit einer Freundin.« Mit dieser bewussten Abgrenzung eroberst du dir deine Unabhängigkeit zurück, unterwirfst dich dem Selbstwert-Dieb nicht länger und machst dich ein Stück weit selbst zum »Star«.

DER SELBSTWERT-DIEB MIT DER STRATEGIE: »ICH BIN BESSER ALS DU.«

Neulich habe ich zwei Mädchen im Teenageralter beobachtet. Dabei fiel mir auf, dass eine der beiden sehr ausgeprägt die »Ich bin besser als du«-Strategie angewandt hat. Während die etwas Kleinere der beiden vorzeigte, dass sie schon nach drei Tagen Üben mehr als einhundert Hula-Hoop-Schwünge schaffte, meinte die etwas Größere, Dunkelhaarige: »Pah, das ist ja gar nichts. Ich konnte das vom ersten Moment an. Wenn ich will, schaffe ich tausend Schwünge hintereinander.« Sofort war die Freude im Gesicht der Kleineren verschwunden und sie stellte ihren neuen Reifen ein wenig enttäuscht zur Seite.

Nun wurde es spannend. Die Dunkelhaarige erzählte von ihrem neuen Freund. Sie schmückte ihre Erzählungen so aus, dass ich den Eindruck bekam, es müsse sich bei ihrem Verehrer um einen Prinzen handeln. »Das ist ja schön«, sagte die Kleinere und erinnerte sich nun an ihre erste große Liebe. »Björn hat mir auch einmal eine rote Rose geschenkt«, lächelte sie. »Eine Rose? Wie lächerlich! Ich krieg von Markus jede Woche einen ganzen Strauß.«

Ich folgte dem Gespräch noch einige Minuten und bekam mit, dass die Größere der beiden alles, was die andere von sich gab, durch ihre eigenen Erzählungen übertrumpfte. Nun gut, wir wissen alle, dass die Teenagerzeit emotional sehr fordernd ist, und eine derartige Trotzreaktion passt da gut rein. Aber leider gibt es Menschen, die diese Strategie über die Pubertät hinaus anwenden. Als Selbstwert-Diebe versuchen sie sich durch permanentes Übertrumpfen anderer Bewunderung und Bestätigung zu holen. Sie sind dabei meist so mit sich selbst beschäftigt, dass sie gar nicht bemerken, dass sie andere damit verletzen und geringschätzen. Auch für dieses Verhalten ist in vielen Fällen ein niedriger eigener Selbstwert der eigentliche Antreiber.

Mein Schnelltipp: Lass dich am besten gar nicht auf den verbalen Kampf ein. Teile deine Freude und deinen Stolz über Erlerntes oder Erfahrenes lieber mit anderen Menschen, die sich mit dir freuen oder dich sogar bestärken.

SELBSTWERT-DIEBE STOPPEN

Vielleicht hast du durch meine Beschreibungen schon den ein oder anderen Selbstwert-Dieb in deinem Leben ausfindig machen können. Natürlich gibt es auch noch weitere Verhaltensweisen anderer Menschen, die dazu führen, dass wir uns in ihrer Nähe minderwertig fühlen. Ein guter Indikator dafür, ob jemand für dich einen Selbstwert-Dieb darstellt, ist dein Gefühl. Bevor ich dir noch ein paar weitere Methoden im Umgang mit solchen Menschen mitgebe, findest du hier eine Liste von Gefühlen, die auftreten, wenn du Zeit mit einem Menschen verbracht hast, der dir deine Energie und dein Selbstwertgefühl klaut. Du fühlst dich …

- ausgelaugt und energielos,
- unbedeutend,
- wie ein Versager,
- ausgenutzt,
- nicht willkommen,
- ausgeliefert,
- ungebildet oder dumm,
- hässlich,
- nicht dazugehörig und ausgegrenzt,
- nicht ernst genommen,
- minderwertig oder zumindest weniger wert als andere,
- fehl am Platz,
- gekränkt und verletzt.

Wenn solche Gefühle immer wieder in Situationen mit einem bestimmten Menschen auftreten, ist es an der Zeit, dass du dem Selbstwert-Dieb ein Stoppschild vor die Nase hältst. Dafür gibt es jetzt ein paar praktische Tipps. Nicht jede Methode ist für jede Situation anwendbar, such dir daher bewusst die für dich richtigen Impulse heraus.

MACH DEN ANDEREN AUF SEIN VERHALTEN AUFMERKSAM

Gerade bei Menschen, die dir viel bedeuten und außerdem nicht immer ein Selbstwert-Dieb-Verhalten an den Tag legen, ist diese Taktik die beste. Denn wie gesagt, wir werden ganz oft unbewusst zu Selbstwert-Räubern, obwohl wir dem anderen generell nichts Böses wollen. Auch mir ist das vor nicht allzu langer Zeit passiert, als ich eine neue Assistentin engagierte. Sie war von Anfang an große Klasse, aber anstatt ihr das zu sagen, schickte ich permanent Mails an sie, in denen ich ihr ihre Fehler aufzeigte. Ich war damals gerade sehr mit mir und meiner neuen Situation als Unternehmerin beschäftigt. Im Umgang mit meiner Assistentin verließ mich meine Einfühlsamkeit komplett, ich war in meinem eigenen Stress und meinen Ängsten gefangen. Umso dankbarer war ich, als sie mir schon nach wenigen Tagen ganz offen sagte, dass sie sich bei den Arbeiten für mich nicht wohl und öfter wenig wertgeschätzt fühlte. Nach einem ersten Schock über mein eigenes Verhalten ergriff ich die Chance, meinen Ich-Fokus zu verlassen. Ich veränderte mein Verhalten und sagte ihr regelmäßig, was ich an ihr schätze und was sie besonders gut macht. Seither haben wir beide Freude an der Zusammenarbeit und sind, wie ich meine, ein richtiges Dream-Team.

Natürlich verlangt es Mut und Offenheit, einem scheinbar sehr selbstsicheren Menschen die eigenen Gefühle aufzuzeigen. Aber gerade bei Teilzeit-Selbstwert-Dieben, zu denen jeder von uns mal wird, kann es sehr lohnenswert sein, die Komfortzone zu verlassen. Wie mein Beispiel zeigt, kann es die Beziehung zu diesem Menschen sogar vertiefen.

Der schwerste Part für viele dabei ist es, die richtigen Worte zu finden. Eine Mischung aus Angst vor der Reaktion und eigener Unsicherheit bremst uns oft aus. Daher ist es wesentlich, dass du dir bereits vorab überlegst, wie du den Selbstwert-Dieb respektvoll, aber durchaus selbstbewusst auf sein Verhalten aufmerksam machen kannst. Da Menschen auf Anschuldigungen und Vorwürfe in der Regel mit einem Gegenangriff reagieren, macht es Sinn, dass du ganz bei dir bleibst und einfach nur dein Gefühl formulierst, anstatt einen Kampf anzuzetteln. Statt zu sagen: »Du bist gemein und behandelst mich mit Absicht so!«, formulierst du einfach nur, was du fühlst. In etwa so:

- »Wenn du so mit mir sprichst, fühle ich mich immer sehr klein und unbedeutend.«
- »Wenn du mich ständig unterbrichst, fühle ich mich gekränkt und bekomme das Gefühl, dass das, was ich sage, nicht wichtig ist.«
- »Wenn du mich gar nicht beachtest, wenn du von der Arbeit nach Hause kommst, fühlt sich das so an, als wäre ich nicht wichtig für dich.«

Gefühle sind niemals falsch und sie beziehen sich immer auf dich selbst. Daher gelingt es mit derartigen Formulierungen meist besser, eine gute Gesprächsbasis zu schaffen. Es kann aber trotzdem passieren, dass der andere deine Worte als Angriff interpretiert. Setz ihm dann eine angemessene Nachfrist. Viele, die zuerst mit einem Gegenangriff reagieren, reflektieren sich später und denken über das Gesagte nach.

SAG TSCHÜSS

Was aber, wenn der Selbstwert-Räuber uneinsichtig ist und sich nicht davon abbringen lässt, dich wieder und wieder klein zu machen? Menschen mit ausgeprägten narzisstischen Wesenszügen zum Beispiel lassen sich nur in den seltensten Fällen wachrütteln. Aus diesem Grund ist hier die ideale Lösung: ein Schlussstrich. Mir ist bewusst, dass das hart klingt und manchmal schwer umzusetzen ist. Aber gerade, wenn ein Mensch durch sein Verhalten immer wieder mehrere der oben aufgezählten Gefühlszustände in dir auslöst, ist es wichtig, dass du dich selbst schützt. Opfer von Narzissten können so lange keinen gesunden Selbstwert aufbauen, bis sie es schaffen, sich aus ihren Fängen zu befreien.

Was aber, wenn es sich dabei um einen Kollegen, den Boss oder ein Familienmitglied handelt und man den Selbstwert-Räuber deshalb nicht zur Gänze meiden kann? Auch hier empfehle ich Abstand – so gut das eben möglich ist. In Situationen, in denen du dem Selbstwert-Dieb dennoch nicht entkommst, kannst du dir die folgende Visualisierung zunutze machen: Atme tief ein, schließe, wenn möglich, für ein paar Sekunden deine Augen und stell dir vor, wie sich rund um dich eine kugelförmige, goldene Schutzmembran aufbaut. Sie dient dir als Airbag für Angriffe des Selbstwert-Diebes und wehrt schädliche Energien und Worte, die dich verletzen könnten, einfach ab. Innerhalb dieser Lichtkugel bleibst du stark und friedvoll, egal was passiert.

ÄNDERE DEINE REAKTION

Auf jede Aktion folgt eine Reaktion. Das bedeutet: Auch wenn du den anderen nicht direkt ändern kannst, kannst du durch dein Verhalten eure Beziehungsmatrix adaptieren. Veränderst du die Aktion, verändert sich dadurch auch die Reaktion. Veränderst du deine Reaktion, wird die andere Seite wiederum anders agieren.

Nun gibt es bestimmte Verhaltensweisen, die fast bei allen Menschen das Machtgefühl triggern und dadurch leider schnell dazu führen, dass wir von oben herab oder schlecht behandelt werden. Durch das Loslassen dieser Verhaltensweisen bewirken wir, dass wir weniger oft zum Opfer eines Selbstwert-Diebes werden. Check einmal anhand der folgenden Liste, ob du eine oder mehrere dieser Verhaltensweisen an den Tag legst:

- Ständiges Entschuldigen, obwohl es oft keinen Anlass dafür gibt
- Unfähigkeit, Nein zu sagen oder eine Bitte abzulehnen
- Geduckte oder gebückte Haltung
- Unterwürfigkeit
- Ständiges Bejahen der Aussagen anderer und kein Preisgeben einer eigenen Meinung
- Schlecht über sich selbst sprechen, sich mit Worten selbst kleinmachen
- Übertriebene Bewunderung anderer, ständiges Hochloben
- Es allen anderen immer recht machen
- Kein eigener Wille
- Ablehnen von Lob und Komplimenten
- Klammern, zum Beispiel aus Angst vor dem Alleinsein
- Alles ohne Widerstand dulden, die Unfähigkeit, sich selbst zu verteidigen
- Immer und zu jedem lieb sein
- Unterdrückung von Wut- und Ärgergefühlen

Bewusstsein ist wie immer der erste Schritt zur Veränderung. Wenn du dich in einem oder mehreren dieser Verhaltensweisen wiedergefunden hast, so wird es dir in der nächsten Situation mit einem Selbstwert-Dieb auffallen und du hast die Chance, etwas zu verändern.

Weil das bedeutet, dass du deine Komfortzone verlässt und dich dem Angriff des Selbstwert-Diebs entgegenstellst, ist es wichtig, dass du dir im Vorfeld Argumente zurechtlegst. In der Situation selbst sind wir nämlich meist derart mit der Kränkung beschäftigt, dass uns kaum etwas Hilfreiches einfällt. Bei der Konzeption deiner Argumente kommt es ganz auf deine individuelle Situation an. Wenn dir der Mensch sehr nahesteht, kannst du die oben beschriebene Methode anwenden und deine Gefühle offen formulieren. Im Job oder bei Uneinsichtigen eignet sich vermutlich eine andere Reaktion besser. Das kann zum Beispiel eine klare und unmissverständliche Aussage sein wie:

- »Ich akzeptiere nicht mehr, dass du so mit mir sprichst.«
- »Verändere bitte deinen Tonfall und ich bin wieder bereit, dir zuzuhören.«
- »Wenn du wieder bereit bist, mir auf Augenhöhe statt von oben herab zu begegnen, können wir unser Gespräch gern fortsetzen.«

Eine weitere Möglichkeit ist die Formulierung einer taffen Gegenfrage. Diese darf auch etwas zynisch oder rein rhetorisch sein. Sie dient vor allem dazu, zu zeigen, dass du nicht mehr bereit bist, alles hinzunehmen, und dass ab sofort bei respektlosem Verhalten dir gegenüber mit Widerstand zu rechnen ist. Eine Frage regt das Gegenüber außerdem immer dazu an, nachzudenken, was ihn so weit aus dem Konzept bringen kann, dass er sein Verhalten nicht einfach fortsetzt. Hierfür ein paar Anregungen:

- »Sag mir bitte, wie lange du mich diesmal ignorieren möchtest, damit ich meine wertvolle Zeit entsprechend einteilen kann.«
- »Möchtest du mir vielleicht sagen, warum du nicht mehr mit mir sprichst?«
- »Was kannst du denn eigentlich nicht besser als ich?«
- »Hast du schon mal eine Auszeichnung dafür bekommen, dass du überall der oder die Beste bist?«
- »Wäre es möglich, dass wir ein Gespräch auf Augenhöhe führen? Denn momentan erscheint es mir so, als würdest du auf einem Podest stehen.«
- »Könntest du das bitte freundlich wiederholen? Dann würde es mir nämlich leichter fallen, dir zu folgen.«

Spürst du, wie gut sich solche Aussagen anfühlen?

Nachdem sich bestimmte Situationen in unserem Leben ständig wiederholen, macht es Sinn, dass du dir für Begegnungen mit Selbstwert-Dieben ein paar Worte zurechtlegst. Es geht nicht darum, dass deine Strategie besonders kreativ oder gar perfekt ist, sondern einfach darum, dass du etwas zur Verfügung hast, mit dem du Widerstand zeigen kannst. Dadurch rüttelst du den anderen entweder wach oder du wirst zu einem unbequemen Opfer, was langfristig dazu führt, dass sich der Selbstwert-Dieb anderweitig sein Futter sucht.

MACH DIR BEWUSST, DASS ES NICHTS MIT DIR ZU TUN HAT

Eine der wichtigsten Erkenntnisse, die mir durch meine Trainer-Berufslaufbahn zuteilwurde, war, dass Feedback immer mehr mit der Person zu tun hat, die es gibt, als mit der, die es bekommt. Und genau das gilt auch, wenn dich jemand durch seine ungefragte Kritik klein- oder schlechtmacht.

Hierzu ein Beispiel: 2014 absolvierte ich meinen Mentaltrainer-Lehrgang. Gleich am ersten Tag ging es darum, etwas vorzutragen. Während die anderen noch wenig Erfahrung damit hatten, war diese Tätigkeit damals der Hauptbestandteil meines Jobs. Dementsprechend wohl fühlte ich mich dabei. Im Anschluss wurden die anderen aufgefordert, Feedback zu geben. Nach einem Schwall von positivem Feedback meldete sich eine Frau und sagte Sätze zu mir wie: »Du hast den anderen die Show gestohlen. Es scheint so, als würdest du die Bühne nur für dich brauchen. Du bist kein Teammensch.« Im ersten Augenblick war ich sehr gekränkt, da ich versucht hatte, meinen Part genauso kurz zu halten, wie es die anderen taten, obwohl ich gern noch viel mehr erklärt hätte. Als sich aber schließlich unser Ausbilder einmischte und darum bat, sachliches Feedback zu geben und keine Eigeninterpretation hineinzumischen, entspannte ich mich. Denn plötzlich verstand ich, dass andere immer nur das in uns sehen können, was sie selbst in sich tragen. Ich mutmaßte, dass sich diese Frau selbst oft übersehen fühlte und auch gern mal ganz im Scheinwerferlicht stehen würde.

Viele Wochen später bewahrheitete sich meine Einschätzung. Bei einer anderen Übung arbeitete ich genau mit dieser Teilnehmerin zusammen und es stellte sich heraus, dass sie sich selbst nicht erlaubte, im Mittelpunkt zu stehen oder mal mehr zu sagen zu haben als andere.

Was andere in uns sehen, ist sehr oft das, was sie selbst sich nicht erlauben oder was sie an sich selbst ablehnen. Vieles, das von außen auf dich einprasselt, hat wenig mit dir, dafür sehr viel mit dem, der es von sich gibt, zu tun. Vielleicht hilft auch dir dieser Gedanke beim nächsten Mal, wenn böswillige und vor allem ungefragte Kritik auf dich einprasselt.

SELBSTWERT-ABENTEUER

Mach dich groß!

Diese Visualisierungsübung unterstützt dich dabei, dich auf schwierige Begegnungen vorzubereiten. In der Regel ist es ja so, dass wir uns klein und wertlos fühlen, nachdem wir eine Weile mit einem Selbstwert-Räuber verbracht haben. Bildlich gesprochen sitzen wir dann wie ein kleiner Zwerg mit hängenden Schultern da, während der andere riesengroß erscheint.
Doch damit ist ab sofort Schluss. Wir verändern dieses Bild.
Nimm dir vor deiner nächsten Begegnung mit einem dir bekannten Selbstwert-Dieb ein paar Minuten Zeit, atme tief durch und schließ im entspannten Zustand deine Augen. Nun stellst du dir vor, wie dir der Selbstwert-Räuber gegenübersitzt oder -steht. In deiner Vorstellung lässt du ihn jetzt immer kleiner und kleiner werden. Solange, bis er auf die Größe eines Schlumpfs oder gar eines Gummibärchens geschrumpft ist.
Spür nun hinein, wie groß du im Verhältnis zu ihm bist. Wenn das Gefühl noch nicht stark genug ist, kannst du dich auch noch ein bisschen wachsen lassen. Der Größenunterschied ist nun so erheblich, dass du dich beim Anblick des Zwerges riesig fühlst. Lass dich körperlich ganz auf dieses Gefühl ein und speichere es ab. Verstärkend kannst du dir dabei auch sagen: »Ich bin und bleibe groß und stark.«
Wiederhole diese Übung regelmäßig und du wirst schon bald positive Resultate im Umgang mit Selbstwert-Dieben erhalten.

VERKAUF DICH AUCH SELBST NICHT UNTER WERT

Manchmal sind wir selbst unser größter Selbstwert-Dieb. Völlig überzeugt davon, dass wir nichts Besonderes können, keinen Mehrwert bieten und somit auch für diese Welt wertlos sind, bleiben wir im Schatten unserer selbst. Und dann begegnen uns immer neu Situationen und Menschen, die uns diese Überzeugung bestätigen.

Es ist fast so, als ob wir einen Stempel auf der Stirn hätten, der anderen verrät, was wir von uns halten. Aber natürlich ist da kein Stempel. Dafür aber gibt es rund eine Million unbewusste Signale, die wir aussenden. Durch unsere Körperhaltung, unsere Mimik und Gestik sowie unsere Stimme. Der Mensch hat rund 650 Muskeln, allein 50 davon befinden sich im Gesicht und steuern unseren Ausdruck – oder anders gesagt: unsere Ausstrahlung. Dadurch ist es, wie Paul Watzlawick sagt, unmöglich, nicht zu kommunizieren. Obwohl unsere Mitmenschen in der Regel keine ausgebildeten Körpersprache-Analysten sind, nehmen sie dennoch auf einer unbewussten Ebene wahr, wie wir uns gerade fühlen.

Stell dir zum Beispiel vor, du steigst in einen Aufzug. Ein Mann im Sakko nickt dir freundlich zu. Eine Frau steht stillschweigend in der Ecke und blickt auf ihre Schuhe. Keiner der beiden sagt ein Wort und dennoch nimmst du wahr, dass der Mann sich seiner selbst sicherer ist als die Frau. Allein die Tatsache, dass sie nach unten sieht, genügt, damit du eine Unsicherheit oder gar Unterwürfigkeit wahrnimmst.

Dazu kommen unsere Worte und unsere Stimme. In der Regel bilden wir täglich rund 16000 Wörter. Sehr oft sprechen wir dabei über uns selbst. Wir geben unsere Meinung preis, erzählen, was wir erlebt haben, stellen uns vor, wenn wir jemanden kennenlernen, präsentieren unsere Arbeit, argumentieren oder geben einen Einblick in unsere Gefühlswelt. So bekommen andere eine noch bessere Vorstellung davon, wie wir zu uns selbst stehen. Auch der Klang unserer Stimme verrät, ob wir eher selbstsicher oder selbstzweifelnd sind. Kurzum: Ob du dich als wertvoll wahrnimmst, ist kein Geheimnis, sondern anhand deiner Mimik und Gestik, dem Klang deiner Stimme und deinen Worten für jeden, der mehr als 30 Minuten mit dir verbringt, erkennbar.

WIE WIR ÜBER UNS SPRECHEN

Ganz in der Nähe von meiner Wohnung eröffnete vor einiger Zeit ein Feinkostladen mit Produkten aus dem schönen Italien. Als ich neulich dort war, um eine Flasche Prosecco, Oliven und Burrata zu kaufen, kam ich mit dem Inhaber ins Plaudern. Er erzählte mir viel über die Herkunft seiner Produkte, aber auch darüber, wie träge sein Geschäft läuft. »Ich hätte es mir gleich denken können, dass jemand wie ich einen

Laden nicht zum Laufen bekommt«, sagte er geknickt. »Ich war noch nie für Erfolg gemacht. Wer bin ich denn schon? Ein kleiner Junge, der auf einem Bauernhof aufgewachsen ist und einfach nicht mitmischen kann in der großen Geschäftswelt. Ein kleines Würstchen halt«, lachte er und hielt mir in diesem Moment eine Salami aus der Vitrine entgegen.

Ich konnte nicht anders und sagte ihm, dass er nicht gerade freundlich über sich selbst spricht und dass es von Vorteil wäre, sein Selbstbild zu verändern, zumal er ja schon einiges auf die Beine gestellt und außerdem ein erstaunlich umfangreiches Wissen in Bezug auf seine Produkte habe.

Deine Worte zeigen anderen, was sie von dir halten können.

Mir wurde abermals bewusst, dass sich sehr viele Menschen weit unter ihrem Wert verkaufen. Mit brutalen Worten machen sie sich selbst zum »kleinen Würstchen«, untergraben ihre Fähigkeiten oder ziehen sich ins Lächerliche. Die Folge: Andere nehmen sie genauso wertlos wahr und behandeln sie entsprechend. Außerdem führt das im beruflichen Setting oft dazu, dass sie es nicht wagen, nach einer Gehaltserhöhung zu fragen oder als Selbstständige angemessene Preise und Honorare zu verlangen.

Um dich wertvoll zu fühlen und auch für andere wertvoll zu sein, ist es daher ein MUSS, dass du dich auch als wertvoll verkaufst. Und nein, der Sinn der Sache ist nicht, dass wir unserer Authentizität zuwiderhandeln und anderen ein Theater vorspielen. Doch wir können unser Selbstwertgefühl dadurch, wie wir über uns selbst sprechen, durch unsere Körpersprache und unsere Stimme positiv beeinflussen. Genau das schauen wir uns jetzt auf drei Ebenen – deinen Worten über dich, deiner Körpersprache und deiner Stimme – an.

WIE SPRICHST DU ÜBER DICH?

Beantworte diese Frage einfach mal ganz spontan und ehrlich. Bist du jemand, der sich selbst gern etwas größer oder tendenziell eher etwas kleiner macht? Aus eigener Erfahrung weiß ich, dass Menschen, die sich nicht besonders wertvoll fühlen, zu Zweiterem neigen. Natürlich kann man das nicht mit einem Schlag verändern, aber man kann üben. Gelegenheiten, sich selbst zu präsentieren, wiederholen sich nämlich ständig. Immer, wenn wir neuen Menschen begegnen, stellen wir uns vor. Sehr oft werden wir danach gefragt, was wir beruflich treiben. Und mindestens genauso oft will jemand unsere Meinung wissen. Für diese Situationen können wir also gezielt selbstbewusste Sätze vorbereiten.

Viele unsichere Menschen sagen zum Beispiel, wenn sie nach ihrer Meinung oder ihrem Wunsch gefragt werden: »Ich weiß nicht. Mir ist es egal.« Oder: »Ach, ganz wie du magst.« Selbstsichere hingegen beginnen ihre Sätze mit »Ich finde…«, »Ich bin der Überzeugung…«, »Mir ist es wichtig…«, »Ich möchte…«. Im anschließenden Selbstwert-Abenteuer hast du die Möglichkeit, dir einige selbstsichere Sätze zurechtzulegen, die du immer wieder einsetzen kannst.

DER DOMINOEFFEKT DEINER KÖRPERSPRACHE

Vielleicht ist die Tatsache, dass dein Körper jede Menge Informationen über deinen Gefühlszustand verrät, für dich beängstigend. Das muss aber nicht sein, denn obwohl wir nicht jeden Muskel unseres Körpers beeinflussen können, sind wir dennoch in der Lage, bestimmte Haltungen einzunehmen. Wir können also auch dann, wenn wir uns gerade weniger wertvoll fühlen, so tun, als wären wir wertvoll. Das wiederum hat interessante Auswirkungen auf unseren Gefühlszustand.

Dazu ein Selbsttest: Richte mal deinen Oberkörper auf. Mach dich richtig groß, so als würde jemand mithilfe eines Fadens an deinem Scheitel ziehen. Zieh dein Kinn noch etwas nach oben und lächle. Wie fühlst du dich jetzt? Vermutlich etwas kraftvoller, vielleicht auch selbstbewusster und wertvoller.

Mit einer aufrechten Haltung und einem Lächeln im Gesicht fällt es uns schwer, negativ über uns selbst zu denken. Wenn wir wirklich lachen, ist es bewiesenermaßen sogar unmöglich, gleichzeitig traurig oder wütend zu sein. Und dadurch wiederum entsteht ein wunderbarer Dominoeffekt. Positive Gefühle lösen positivere Gedanken und Worte aus, die wiederum Einfluss auf unsere Körpersprache und unsere Stimme nehmen. Nun fällt es uns gleich leichter, uns wohlzufühlen, und wir werden authentischer und selbstbewusster in unserer Kommunikation. Wie du dir eine Selbstwert-Pose aneignen kannst, erfährst du gleich im nächsten Selbstwert-Abenteuer.

WAS DEINE STIMME ÜBER DICH VERRÄT

Auch unsere Stimme kann mehr über uns verraten, als es uns im ersten Moment lieb ist. Dazu ebenfalls ein kleiner Selbsttest: Stell die Aufnahmefunktion auf deinem Smartphone ein und sag dir drei Sätze, die zu 100 Prozent wahr sind. An die du also glaubst. Zum Beispiel: »Mein Name ist… Zwei mal zwei ist vier. Morgen geht die Sonne wieder auf.«

Mach eine Pause und sag dann drei Sätze, an die du nicht glaubst. Vielleicht: »Ich werde nie wieder in den Urlaub fahren. Ich bin der Präsident von Amerika. Ich bin unverwundbar.«

Hör dir anschließend beide Aufnahmen an. Du wirst vermutlich einen deutlichen Unterschied beim Klang deiner Stimme erkennen. Um dich als wertvoll zu präsentieren, muss also auch deine Stimme die richtige Tonqualität haben. Und genau das kannst du trainieren. Dadurch wiederum beeinflusst du deinen Glauben an dich selbst und kommst dem Gefühl, ein Geschenk für diese Welt zu sein, wieder ein Stückchen näher.

Jeder Mensch auf dieser Erde ist wertvoll.

Bevor wir nun gleich ins Selbstwert-Abenteuer springen, möchte ich noch einen wichtigen Gedanken mit dir teilen: Jeder Mensch ist wertvoll, und zwar so sehr, dass man es mit Zahlen gar nicht bemessen kann. Als du auf diese Welt kamst, gab es keinen Zweifel daran. Erst später haben deine Erfahrungen und daraus resultierenden Gedanken dazu geführt, dass du womöglich deinen Wert im Vergleich zu anderen niedriger eingeschätzt hast. Aber der Wert eines menschlichen Lebens unterliegt keiner Inflation. Kein Mensch wird weniger wert, weil auf ihm herumgetrampelt, er schlecht behandelt, verletzt oder ausgegrenzt wurde. Du bist kein Geldschein, der Jahr für Jahr an Wert verliert. Du bist ein Goldstück. Egal, ob man darauf herumtrampelt oder versucht es zu brechen, es bleibt gleich wertvoll oder gewinnt im Laufe der Jahre sogar noch an Wert dazu. Bitte vergiss das niemals!

SELBSTWERT-ABENTEUER

Voller Selbstbewusstsein auftreten

1. STELL DICH VOR

Um das positive Sprechen über dich selbst zu trainieren und in der Folge auch gleich anwenden zu können, empfehle ich dir, eine Vorstellung vorzubereiten. Immer wieder wirst du aufgefordert, ein paar Sätze über dich zu erzählen. In der Vergangenheit hast du das meist aus dem Unbewussten heraus getan. Kreiere nun ganz bewusst ein paar Sätze für deine persönliche Vorstellung, in denen du wertschätzend über dich sprichst. Wer bist du? Was tust du? Was kannst du? Was macht dir Freude?

Achte dabei ganz besonders auf die Wahl deiner Worte und vermeide Verniedlichungen, Bremsworte wie »eigentlich«, »ein bisschen«, »vielleicht«, »eventuell« und »ein wenig« sowie Konjunktive wie »sollte«, »würde«, »müsste« oder »hätte«. Spürst du den Unterschied?

Du musst dazu keinen Aufsatz verfassen. Fünf bis fünfzehn Sätze genügen. Um einen nachhaltigen Effekt zu erwirken, trainiere deine Vorstellung vor dem Spiegel. So kannst du auch gleich deine Körperhaltung, zu der wir jetzt kommen, noch ein wenig anpassen.

2. DEINE SELBSTWERT-POSE

Beeinflusse deine Gefühlswelt positiv, indem du dir eine Selbstwert-Pose aneignest. Sie kann, nachdem du sie einige Male eingenommen hast, zu einer neuen Gewohnheit werden. Wie schon erwähnt nimmt deine Körperhaltung auf dein Inneres genauso Einfluss, wie es umgekehrt der Fall ist. Das bedeutet, du kannst deine Körperspannung dazu nutzen, um dich besser, selbstsicherer und wertvoller zu fühlen. Bevor du deine Pose kreierst, ist es hilfreich zu wissen, welche Haltungen eine positive Botschaft nach innen auf deine Gefühle und nach außen senden. Selbstsichere Körperhaltungen:

- Aufrecht stehen und aufrecht sitzen
- Kinn leicht nach oben gehoben und Schultern leicht zurückgenommen
- Guter Bodenkontakt, Füße beim Stehen hüftbreit
- Lockere Schultern
- Selbstbewusstes, freundliches Lächeln
- Offene Augen, ein klarer Blick
- Hände geöffnet und nicht verschränkt oder versteckt
- Eine Hand in die Hüfte gestemmt
- Brust raus
- Gerader Rücken

Versuche mal, daraus deine Selbstwert-Pose zu kreieren. Natürlich musst du dabei nicht alle genannten Punkte berücksichtigen. Stell dich einfach vor den Spiegel und experimentiere ein bisschen herum, so lange, bis dein Spiegelbild einen selbstbewussten und selbstsicheren Eindruck auf dich macht. Anschließend trainierst du diese Haltung am besten jeden Morgen, bevor du das Haus verlässt.

3. DER TON MACHT DIE MUSIK

Beim Selbsttest mit deiner Stimme hast du bereits gemerkt, dass diese unterschiedliche Klangqualitäten annehmen kann. Genau diese Erkenntnis kannst du dir zunutze machen. Sprich einen Satz, der zu 100 Prozent der Wahrheit entspricht, laut aus und nimm ihn mithilfe deines Smartphones auf. Zum Beispiel: »Mein Name ist ...«

Nun wählst du eine Affirmation, die deinen Selbstwert stärkt. Zum Beispiel: »Ich bin ein Geschenk für diese Welt.« Oder: »Ich bin genug.« Auch diesen Satz nimmst du mit dem Tonband auf. Im Anschluss hörst du dir den Unterschied an und trainierst deine positive Affirmation so lange, bis sie genauso überzeugend klingt wie dein erster Satz.

Die Reise geht weiter

PACK DEINEN SELBSTWERT-KOFFER

Eines ist dir bestimmt bewusst geworden, während du dieses Buch gelesen hast: Die Stärkung und die Pflege unseres Selbstwertgefühls ist kein Kurztrip, sondern eher eine Reise. Eine Reise, die wunderschön sein kann, wenn du das richtige Gepäck dabeihast. Bisher war es vermutlich so, dass dir diese Welt als Reisedomizil öfter mal feindselig vorkam, vor allem dann, wenn du wieder einmal das Gefühl hattest, nicht gut oder wertvoll genug zu sein, wenn du abgelehnt wurdest oder dich völlig verausgabt hast beim Kampf um die Liebe, die du so sehr brauchst. Dies ist aber nicht dem Reisedomizil geschuldet, sondern viel mehr dem falschen Gepäck, das du bisher in deinem mentalen Koffer hattest.

Stell es dir in etwa so vor, als ob du eine Urlaubsreise an einen paradiesisch schönen Ort mit weißen Stränden, Karibik-Musik und traumhaften Sonnenuntergängen unternehmen würdest – aber in deinem Koffer sind bloß Utensilien für einen Skiurlaub auffindbar. Handschuhe, Schneestiefel, ein dicker Schal, Haube und Skianzüge, aber kein einziges Strandtuch, keine Sonnencreme, kein Bikini und auch sonst keine Sommerkleidung hast du mit dabei. Da kann das Urlaubsdomizil noch so schön sein, du kannst deinen Aufenthalt trotzdem nicht genießen.

Im Gegenteil, in deiner Daunenjacke am Strand sitzend, findest du es hier anstrengend, fühlst dich ausgegrenzt und ungerecht behandelt, weil scheinbar alle anderen perfekt mit Bademode ausgestattet sind.

Doch ab sofort ändert sich das. Denn durch dieses Buch hast du das richtige Gepäck griffbereit. Du hast die richtigen Werkzeuge für ein Leben voller Selbst- und Fremdwertschätzung, ausreichend Anerkennung und Liebe für deine Reise kennengelernt. Jetzt geht es bloß noch darum, dass du deine Lieblingsteile sorgfältig in deinen imaginären Koffer packst, damit du die Reise fortan genießen kannst. Dein Gepäck, das sind jetzt all die Übungen und Methoden, die du in den Selbstwert-Abenteuern kennengelernt hast, oder einfach nur Gedanken aus den Zeilen hier im Buch, die dich in deinem Sein und deinem Wert bestärkt haben.

Wichtig ist natürlich, dass du regelmäßig von deinem Gepäck Gebrauch machst. Wenn sich in deinem Koffer deine drei liebsten Übungen aus deinem Buch befinden, dann sollten diese nicht als Deko dienen, sondern aktiv wiederholt werden. Ebenso verhält es sich mit Gedanken und Affirmationen, die du dir notiert hast. Denn wie du in diesem Buch ebenso erfahren hast, braucht es Wiederholung, bis all die wichtigen Botschaften und neuen Gewohnheiten in dein Unterbewusstsein vordringen. Hier und da verlangt das auch ein wenig Disziplin, vor allem anfangs, denn die Wirkung stellt sich meist erst nach drei bis sechs Wochen ein. Aber danach wird es leichter, freudvoller und genussvoller.

Wichtig ist auch, dass du dich nicht übernimmst. Reise lieber mit leichtem Gepäck, also mit nur drei oder fünf Übungen, die dir besonders zugesagt haben, anstatt mit fünf Koffern gleichzeitig. Sonst läufst du schnell Gefahr, dass du die Freude verlierst.

Überlege dir nun einmal bewusst, was du in deinen mentalen Koffer packen möchtest. Als kleine Unterstützung findest du hier gleich noch einmal alle Selbstwert-Abenteuer mit der jeweiligen Buchseite aufgelistet. Zusätzlich hast du Platz für besonders hilfreiche Gedanken, Ideen oder sonstige Inspirationen, die dir während des Lesens und Reflektierens untergekommen sind.

Ich packe in meinen Selbstwert-Koffer …

Die Selbstwert-Abenteuer dieses Buches:

Das nehme ich ins Handgepäck …

Hier ist Platz für Gedanken, Zitate, Affirmationen und so weiter – Worte, die du unbedingt mitnehmen möchtest.

Du bist jetzt bereit zu strahlen!

Diese persönliche Notiz möchte ich dir noch für deinen Selbstwert-Koffer mitgeben. Ich bin überzeugt, dass du jetzt bereit dazu bist, deine innere Schönheit nach außen strahlen zu lassen und die Welt mit deinem liebenswerten Wesen zu bereichern und zu bezaubern. Denn alles, was du dazu brauchst, trägst du bereits in dir. Und du hast es schon immer in dir getragen. Falls du noch zweifelst, lies den Satz oben noch mal und spüre, dass ich jedes meiner Worte aus tiefstem Herzen genauso meine.

Denk immer daran – du bist nicht allein. Du hast die liebevolle Mentorin, deinen inneren besten Freund oder auch mich imaginär an deiner Seite. Wenn es besonders schwer ist, die alten Glaubenssätze wieder einmal nicht ruhen wollen und du kurz davor bist, das Handtuch zu werfen, kannst du dir vorstellen, wie ich direkt hinter dir stehe und dir den Rücken stärke. Denn ich glaube an dich!

Wie das sein kann, obwohl ich dich gar nicht persönlich kenne, fragst du dich? Wir sind durch Tausende Worte, die ich für dich geschrieben habe und die du hier gelesen, in Gedanken und Gefühlen verarbeitet hast, verbunden. Ich kann dich spüren, genau jetzt, in diesem Moment, in dem ich diese Worte hier tippe.

Und vielleicht spürst du mich auch. Über diese Verbindung möchte ich dir zum Abschluss noch ein paar Worte von Herz zu Herz mitgeben. Gern kannst du diese anschließend auch als einzelne Affirmationen oder als regelmäßige Mantra-Begleitung mit auf deinen Weg nehmen.

- Ich weiß zutiefst, dass du Liebe verdienst!
- Ich weiß zutiefst, dass diese Welt dich will und du hier willkommen bist.
- Ich weiß zutiefst, dass du von unbeschreiblichem Wert bist.
- Ich weiß zutiefst, dass es Menschen gibt, für die du einfach unbezahlbar wichtig bist.

- Du machst einen Unterschied auf dieser Welt.
- Du hast es verdient, geachtet, geschätzt und geliebt zu werden.
- Du hast es verdient, von ganzem Herzen zu lachen.
- Du hast es verdient, in Fülle zu leben.
- Du darfst die Liebe, die du verdienst, jetzt zulassen.
- Du darfst jetzt beginnen, dein ganzes Potenzial zu entdecken und zu leben.
- Du darfst jetzt das beste Leben führen, das du dir nur vorstellen kannst.
- Du bist eine Bereicherung für jeden Menschen, mit dem du dein Leben teilst.
- Du bist ein Geschenk für diese Welt!
- Du bist ein Geschenk für mich. Danke für deine Zeit, dein Vertrauen und dein Sein.

Von Herzen, deine Melanie

Du bist ein Geschenk für diese Welt!

DANKE, DU HERZENSMENSCH!

Mein viertes Buch ist zu Papier gebracht. Wie immer an dieser Stelle springt mein Herz und macht Saltos. Niemals hätte ich früher gedacht, dass es einst Zigtausende Menschen geben wird, die meine Bücher voller Freude lesen und darin Inspiration für ihr Leben finden. Für mich ist damit ein Lebenstraum in Erfüllung gegangen. Seit ich zehn Jahre alt war, wollte ich Autorin werden. Und du, liebe Leserin, lieber Leser, bist dabei mein Traumerfüllungsgehilfe. Denn ohne dich und dein Interesse wäre bereits nach dem ersten Buch Schluss mit meiner Autorenleidenschaft gewesen. Danke fürs Kaufen, Folgen, Inspirierenlassen und Weiterempfehlen. Ich hoffe von ganzem Herzen, dass mein Buch auch für dich ein kleiner Wunscherfüllungsgehilfe war.

Wie immer möchte ich auch den Menschen danken, die mich unterstützen, an mich glauben und mein Herz erfüllen. Weil diese Zeilen ohnehin meist nur von jenen gelesen werden, die es betrifft, spreche ich sie gleich direkt an.

Liebe Anja und liebe Stella! Ich danke euch für euren tollen Einsatz rund um mein Buch, die Titelfindung, das schöne Cover und dafür, dass ihr immer so wunderbar auf meine Wünsche eingeht. Ich schätze die Zusammenarbeit mit dem GU-Verlag und insbesondere mit euch sehr.

Liebe Diane! Auch dir danke ich herzlich, nicht nur dafür, dass du mich über diverse Unterschiede des deutschen und österreichischen Sprachgebrauchs aufgeklärt hast, sondern auch dafür, dass du diesem Werk den letzten Feinschliff gegeben hast.

Liebe Andrea! Dir gilt all mein Dank für die wundervollen Seelenspiegel-Fotos, die du heuer von mir gemacht hast. Besonders stolz bin ich darauf, dass ein paar Bilder dieses außergewöhnlichen Shootings auch einen Platz in diesem Buch gefunden haben. Du schaffst es wirklich, dass ein Bild mehr sagt als tausend Worte. (Die Fotografin Andrea Goller findet ihr übrigens auf Instagram unter: seelenspiegel_foto)

Liebe Charlotte! Ich danke dir von Herzen für all deine wunderbare Arbeit, die du im Rahmen von Honigperlen schon geleistet hast. Und natürlich auch für dein erstes Lektorat dieses Buches und alle tausend Beistrichfehler, die du ausgebessert hast. Schön, dass es dich gibt!

Lieber Martin! Du bist meine Welle des Lebens. Ganz oft haut es mich vom Board und ich lande unter der Welle. Ja, unser Leben ist nicht zuletzt wegen meiner Gesundheitskrisen kein ruhiges Gewässer. Umso dankbarer bin ich, dass wir trotz stürmischer Zeiten zusammenhalten und die Sonnenstrahlen zwischen den Wolken genießen. Ich danke dir dafür, dass du mir in den letzten Jahren so vieles abgenommen hast, damit mir ausreichend Zeit blieb, meinen Traum zu leben. Und ich danke dir für dein Sein. Denn immer dann, wenn die Krise in meinem Leben wieder zuschlägt, bist du es, der mich mit seiner Liebe wie eine Welle bis zum nächsten schönen Moment trägt, den wir dann wieder genießen können.

Liebe Mama, lieber Papa! Danke, dass ihr an mich glaubt und meine Bücher in der Steiermark so charmant unter die Leute bringt! Ich liebe euch von Herzen.

Liebe Sabine! Du bist die beste Schwester, die ich mir vorstellen kann. Ich danke dir für die Begeisterung, die du für meine Arbeit und meine Themen aufbringst und auch dafür, dass du so viele Menschen damit ansteckst. Ich liebe dich, Schwesterherz!

Liebe Freunde! Ihr seid meine Inspiration. Ihr tauscht euch mit mir über meine Themen aus. Euer Interesse ist nicht selbstverständlich und eure Hilfe schon gar nicht. Herzlichen Dank Gabriela Fink, Gabi Müller, Wiebke, Ulli, Alva & Lisi.

AUCH MIT MIR KANN DEINE REISE WEITERGEHEN

Dieses Buch endet hier, aber dein Weg tut es nicht. Daher möchte ich dich gern weiterhin mit meinen Impulsen, Methoden und natürlich auch, falls du sie noch nicht kennst, mit meinen bisherigen Büchern begleiten. Auf meinen Social-Media-Accounts, unter den folgenden Webadressen und in den Büchern findest du weitere Inspiration für deinen Weg zu mehr Selbstliebe und innerer Freiheit.

- Webseite: https://honigperlen.at/
- Selbstliebe-Lehrgang: https://honigperlen.at/selbstliebe-lehrgang/
- Instagram: honigperlenmelanie
- Pinterest: www.pinterest.at/melaniepignitter
- Tictoc: www.tiktok.com/@honigperlen
- Facebook: www.facebook.com/www.honigperlen.at

MEINE BISHERIGEN BÜCHER

- Als ich lernte, meinen Hintern zu lieben, war mein Leben eine runde Sache; Goldegg
- Federleicht; Goldegg
- Honigperlen; Gräfe und Unzer

ÜBER DIE AUTORIN

Melanie Pignitter ist diplomierte Mental- und Selbstliebetrainerin und war fünf Jahre als Business-Coach und Kommunikationstrainerin tätig. 2015 landete sie in der größten Krise ihres Lebens, die sie durch Mental- und Selbstliebetraining überwand. Seither inspiriert sie mit ihrem Erfolgsblog und -podcast »Honigperlen« sowie ihren Büchern Hunderttausende Menschen. Ganz in diesem Sinne:

Wenn du die Liebe deines Lebens suchst, schau in den Spiegel.

LIEBE LESERINNEN UND LESER,

wir wollen Ihnen mit diesem Buch Informationen und Anregungen geben, um Ihnen das Leben zu erleichtern oder Sie zu inspirieren, Neues auszuprobieren. Wir achten bei der Erstellung unserer Bücher auf Aktualität und stellen höchste Ansprüche an Inhalt und Gestaltung. Alle Anleitungen und Rezepte werden von unseren Autoren, jeweils Experten auf ihren Gebieten, gewissenhaft erstellt und von unseren Redakteur*innen mit größter Sorgfalt ausgewählt und geprüft.

Haben wir Ihre Erwartungen erfüllt? Sind Sie mit diesem Buch und seinen Inhalten zufrieden? Wir freuen uns auf Ihre Rückmeldung. Und wir freuen uns, wenn Sie diesen Titel weiterempfehlen, in Ihrem Freundeskreis oder bei Ihrem Online-Kauf.

Sollten wir Ihre Erwartungen so gar nicht erfüllt haben, tauschen wir Ihnen Ihr Buch jederzeit gegen ein gleichwertiges zum gleichen oder ähnlichen Thema um.

KONTAKT ZUM LESERSERVICE

GRÄFE UND UNZER VERLAG
Grillparzerstraße 12
81675 München
www.gu.de

IMPRESSUM

Postfach 860366,
81630 München

GU ist eine eingetragene Marke der GRÄFE UND UNZER VERLAG GmbH, www.gu.de

ISBN 978-3-8338-8233-3
5. Auflage 2022

Projektleitung: Stella Schossow
Lektorat: Diane Zilliges
Bildredaktion: Simone Hoffmann
Umschlaggestaltung und Layout: ki36 Editorial Design, Daniela Hofner
Herstellung: Susanne Fuhrmann
Satz: Uhl + Massopust, Aalen
Reproduktion: Longo AG
Druck und Bindung: DZS Grafik, Slowenien

Umwelthinweis

Nachhaltigkeit ist uns sehr wichtig. Der Rohstoff Papier ist in der Buchproduktion hierfür von entscheidender Bedeutung. Daher ist dieses Buch auf PEFC-zertifiziertem Papier gedruckt. PEFC garantiert, dass ökologische, soziale und ökonomische Aspekte in der Verarbeitungskette unabhängig überwacht werden und lückenlos nachvollziehbar sind.

Bildnachweis

Cover: Creative Market
Adobe Stock: S. 124; Getty Images: S. 3, 4, 16, 21, 25, 30, 34, 58, 64, 68, 80, 113, 117, 118, 129, 135, 143, 146, 150, 155, 164, 170, 175, 176, 179; Andrea Goller/Seelenspiegel - Fotografie: S. 42, 93, 159, 184, 191; iStockphoto: S. 10, 77; Plainpicture: S. 15, 83, 115; Stocksy: S. 145, 188; Bookblock/Helena Hertz/Aaron Burden/Jazmin Quaynor/Scott Webb/Elena G/Boris Smokrovic/Nordwood Themes/Unsplash: S. 26, 40, 47, 54, 74, 102, 110, 186

Syndication: www.seasons.agency

GRÄFE UND UNZER

Ein Unternehmen der GANSKE VERLAGSGRUPPE